Religionspädagogische Kompetenzen

Albert Biesinger / Friedrich Schweitzer
unter Mitarbeit von Raphael Rauch

Religionspädagogische Kompetenzen

Zehn Zugänge für pädagogische Fachkräfte
in Kitas

HERDER

FREIBURG · BASEL · WIEN

Umschlaggestaltung:
SchwarzwaldMädel, Simonswald

Umschlagabbildung aufgenommen in der Komşu e.V.,
Berlin: © Ingo Heine, Berlin

Fotos im Innenteil:
© Hartmut W. Schmidt, Freiburg

Satz und Gestaltung: post scriptum,
Emmendingen / Hinterzarten

Herstellung: Graspo CZ, Zlín

Printed in the Czech Republic
ISBN 978-3-451-32498-7

Inhalt

Vorwort

Wer ein Kind erzieht, hilft ihm in seinem Leben. Erziehungs- und Bildungsaufgaben wahrzunehmen hat mit die höchste Relevanz überhaupt und Auswirkungen weit in die Zukunft hinein, meistens über die eigene Lebenszeit der Erziehenden hinaus. Kinder in der frühen Phase zu begleiten ist somit eine erfreuliche, aber auch verantwortungsvolle Aufgabe. Kinder sind in diesem Alter neugierig und erschließen sich aktiv ihre Wirklichkeit, sind dabei aber auf eine förderliche Kommunikation in ihrem Umfeld angewiesen.

Erzieherinnen sind außerhalb der Familien in der Regel die wichtigsten Menschen für die Kinder in dieser Lebensphase. Umso mehr ist es bereits in der Ausbildung der Erzieherinnen wichtig, die verschiedenen Ebenen professionellen Handelns zu reflektieren:

▶ die persönliche Motivation für den Beruf der Erzieherin oder des Erziehers,
▶ die grundlegenden pädagogischen Kompetenzen in der Kommunikation mit Kindern – aber auch mit deren Eltern und den Verantwortlichen des Kita-Trägers,
▶ die eigenen religiösen Vorstellungen mit Blick auf religionspädagogische Aufgaben klären und weiter entwickeln,
▶ die differenzierten religionspädagogischen Aufgaben mit Blick auf Rituale, religiöse Feste und kindertheologische Gespräche, auf Fragen nach Wahrheit und Wahrheitsansprüchen, vor allem aber auch mit Blick auf die multikulturelle und multireligiöse Zusammensetzung von Kindergruppen in den Einrichtungen nicht als Bedrohung, sondern als Bereicherung und Herausforderung zu verstehen,
▶ mit Konflikten und »Störungen«, die in Bildungsprozessen immer auftreten können, konstruktiv umgehen zu lernen und die Bearbeitung von »Störungen« als Chance für Veränderungen zu begreifen und den Kita-Alltag stets weiterzuentwickeln,
▶ Selbstbewusstsein zu entwickeln – im Umgang mit sich selbst, mit den Kolleginnen und Kollegen, mit den Kindern, mit den Eltern und den Trägern.

Das Buch ist als Grundlage für die Ausbildung und für die Fortbildung konzipiert. Religiöse und interreligiöse Bildung bezeichnen dabei keineswegs nur Aufgaben für Einrichtungen in kirchlicher Trägerschaft. Alle Kinder stehen in ihrem Aufwachsen vor religiösen Orientierungsfragen – in einer multireligiösen Gesellschaft mehr denn je. Deshalb wenden wir uns mit diesem Buch an alle Erzieherinnen, ganz unabhängig von der Trägerschaft der Einrichtungen, in denen sie tätig sind.

Wir wünschen Ihnen viel Freude, gute Erfahrungen und vor allem auch die entsprechende Unterstützung durch dieses Buch. Wir sind interessiert an Ihren Rückmeldungen, die Sie uns gerne per E-Mail geben können:

albert.biesinger@uni-tuebingen.de
friedrich.schweitzer@uni-tuebingen.de

Dieses Buch ist bewusst von uns beiden gemeinsam als katholische und evangelische Religionspädagogen erarbeitet worden. Wir gehen seit Jahren davon aus, dass es zu einer engen konfessionellen Zusammenarbeit zwischen katholischer und evangelischer Religionspädagogik kommen muss.

Die Kapitel des Buches beginnen jeweils mit einer Aufgabe aus der Praxis; Leitfragen helfen bei der Bearbeitung. Darauf folgt ein ausführlicher Hauptteil, in dem sowohl theoretische als auch praktische Grundinformationen dargestellt werden. Am Ende jedes Kapitels gibt es sowohl Leitfragen zur vertiefenden Reflexion (»Eigene Kompetenzen erproben«) als auch weiterführende Literaturtipps.

Leider gibt es an den Kindertagesstätten in Deutschland immer noch viel zu wenig männliche Erzieher. Darüber möchten wir, auch wenn wir im Folgenden von Erzieherinnen sprechen, keineswegs hinwegsehen. Aus Gründen des Leseflusses haben wir uns jedoch konsequent für die weibliche Form entschieden, bei der die männlichen Kollegen selbstverständlich stets mit gemeint sind. Wenn wir im Folgenden von Kindertagesstätten oder Kitas sprechen, meinen wir damit den Oberbegriff, der sämtliche Formen der frühkindlichen Betreuungseinrichtungen miteinschließt, also Tageseinrichtungen für Kinder, Kindergärten, Kindertagesstätten, Kinderhorte etc. Unser Bildungsbegriff umfasst einen lebenslangen Lehr- und Lernprozess, der sich nicht auf die Erziehungsphase beschränkt.

Dieses Lehr- und Lernbuch baut auf Ergebnisse der großen Studie »Interkulturelle und interreligiöse Bildung in Kindertagesstätten« auf, die wir an der Universität Tübingen durchgeführt haben. In dieser grundlegenden Studie besitzt unsere Darstellung eine aktuelle wissenschaftliche Grundlage, die es zugleich erlaubt, die für Gegenwart und Zukunft der religionspädagogischen Arbeit zentralen interreligiösen Herausforderungen angemessen zu berücksichtigen. Die Stiftung Ravensburger Verlag hat diese Studie in einem langen Zeitraum mit hoher finanzieller und ideeller Unterstützung ermöglicht. Danken möchten wir in diesem Zusammenhang insbesondere Dorothee Hess-Maier, die sich als Vorsitzende der Stiftung Ravensburger Verlag für die Förderung von Kindern in verschiedenen Projekten hingebungsvoll und vorbildlich einsetzt. Raphael Rauch hat die redaktionelle Betreuung des Bandes übernommen. Von seinen journalistischen Fähigkeiten hat die Darstellung sehr profitiert. Hilfreich waren besonders auch die Hinweise zum Manuskript aus der Ausbildungspraxis, die uns Gabriele Beier und Ludger Mehring freundlicherweise zukommen ließen, sowie die Vorarbeiten von Anke Edelbrock. Dankbar sind wir darüber hinaus dem Verlag Herder für die Aufnahme des Bandes in sein Programm sowie Jochen Fähndrich, der das Vorhaben als Programmleiter Pädagogik verlässlich begleitet hat.

Tübingen, im Herbst 2012   Albert Biesinger, Friedrich Schweitzer

1.

Kann ich als Erzieherin
einen religionspädagogischen
Auftrag wahrnehmen?

Religion in der eigenen
Biografie reflektieren

Die religiöse Begleitung, Erziehung und Bildung von Kindern berührt immer auch die biografischen Voraussetzungen der Erwachsenen. Das gilt nicht nur für die Eltern, sondern auch für die Erzieherinnen. Da alle Erwachsenen selbst einmal Kinder waren, begegnen sie sich in den Kindern gleichsam selber wieder – als das Kind, das sie einmal waren. Sie bringen Erfahrungen mit der eigenen Erziehung mit, und diese Erfahrungen bestimmen sehr häufig auch das spätere pädagogische Handeln – in positiver wie auch in negativer Weise. Denn die Begegnung mit den Kindern kann an gute Erfahrungen anknüpfen, aber auch alte Konflikte aus der eigenen Kindheit wachrufen. Deshalb ist es so wichtig, sich der Bedeutung von Religion und religiöser Erziehung in der eigenen Lebensgeschichte bewusst zu werden. Auf diese Weise werden wir uns unserer Verletzlichkeit bewusst, aber auch unserer besonderen Stärken und Fähigkeiten.

Aufgabe

Schreiben Sie einen Tagebucheintrag, in dem Sie über Ihre religiösen Einstellungen und Erfahrungen früher und heute nachdenken. Folgende Fragen können dabei als Anhaltspunkt dienen:

▶ Wie bin ich als Kind selbst mit religiöser Praxis und mit religiösen Bedeutungen in Berührung gekommen?
  – Wer war dabei für mich besonders wichtig?
  – Welche Gefühle kann ich dazu heute noch wahrnehmen?
  – Wie habe ich mir damals Gott und die Welt vorgestellt?
  – An welche Zweifel und Ungereimtheiten kann ich mich erinnern?
  – Wie hat sich meine Religiosität in der Grundschulphase weiterentwickelt?
  – Welche Geschichten aus der Bibel, aus dem Judentum, aus dem Koran und anderen Religionen haben mich beeindruckt?
  – Welches sind meine Lieblingsgeschichten geworden?
  – Wie hat sich mein Glaube in der Pubertät verändert?
  – Welche Rituale (Erstkommunion, Konfirmation, Firmung, oder Bar Mitzwa / Bat Mitzwa, muslimische Rituale) haben mich beeindruckt und sind mir in Erinnerung geblieben? Was waren wichtige Einschnitte und Erfahrungen?
▶ Wie erlebe ich meine Nähe und Distanz zu religiösen Weltdeutungen heute?
▶ Wie sieht meine religiöse / nichtreligiöse Deutung der Welt heute konkret aus?
▶ Was bedeutet es mir, mit kleinen Kindern über religiöse Themen zu sprechen?

Grundinformationen

Fragen an die eigene Biografie

Es liegt auf der Hand, dass die eigenen Erfahrungen in der Kindheit immer auch das spätere erzieherische Handeln beeinflussen. In der eigenen Tätigkeit als Erzieherin wiederholen sich oft Situationen, die man selbst in der Kindheit erlebt hat. Im Blick auf religiöse Erziehung ist deshalb die Auseinandersetzung mit eigenen Erfahrungen in der Lebensgeschichte besonders wichtig.

Erzieherinnen erleben heute in ihren Einrichtungen, dass »Religion« Schritt für Schritt mehr zum Thema wird. Dies hängt mit den religiösen und kulturellen Veränderungen unserer Gesellschaft zusammen. Die verstärkte Thematisierung von Religion führt zu der Rückfrage von Erzieherinnen, inwiefern sie aufgrund ihrer eigenen Biografie in der Lage sind, mit religiösen Vorstellungen von Kindern und bisweilen auch der Eltern umzugehen.

Die eine Gruppe von Erzieherinnen hat keine oder nur wenige Erfahrungen mit Religion, andere wiederum wurden religiös sozialisiert und haben bereits in ihrer Familie tiefe Einblicke in ihre Religion nehmen können. Auf der Basis des eigenen Erfahrungs- und Fragehorizontes kann es für Erzieherinnen eine sehr spannende Herausforderung sein, mit der neuen Situation in der Kita umzugehen. Will man nämlich sich selbst als Person in die Bildungsprozesse mit einbringen, dann ist es wichtig, die eigene Ausgangslage, aber auch die möglicherweise eigenen »Störungen« beim Thema Religion zu analysieren und zu reflektieren. Es ist dabei wichtig, dass Erfahrungen nicht abgewertet werden. Jeder Mensch bringt seine je eigene Biografie mit – und eben diese ist zu würdigen. Dabei gehört es zur pädagogischen Professionalität, dass die eigene Biografie nicht zum Hindernis für die anvertrauten Kinder und Eltern wird.

Die eigene Biografie für den zu leitenden Bildungsprozess ernst zu nehmen bedeutet immer auch, sich aufgeschlossen zu zeigen und bereit zu sein, sich auf Neues einzulassen.

Früher und heute: Zum Wandel religionspädagogischer Problemlagen

In der Forschung standen in den letzten Jahrzehnten vor allem schlechte Erfahrungen mit religiöser Erziehung im Vordergrund. Menschen beklagen hier die Art und Weise, wie ihnen Gott in der Kindheit nahegebracht worden war und wie dies ihr Leben eingeengt oder sogar auf Dauer verletzt und verbogen hat. Vor allem die Angst vor einem strafenden Gott, der das Kind – angeblich! – streng überwacht, spielt dabei immer wieder eine Rolle. Offenbar wurde Gott von den Eltern oder auch von anderen Erwachsenen häufig als eine Art Erziehungsgehilfe eingesetzt, der den kindlichen Gehorsam garantieren sollte. Dem Kind wurde gesagt, dass es bei Ungehorsam mit einer Strafe Gottes rechnen müsse, auch wenn beispielsweise die Eltern nicht sehen, was das Kind tut. Die Folge war dann ein »dämonisches Gottesbild« und die Vorstellung von Gott als einem Wesen, das »alles sieht und alles bestraft«.

Sprichwörtlich geworden ist die von Tilmann Moser beschriebene »Gottesvergiftung«[1]: Kindern wird hier der Glaube an Gott und zugleich die unerbittliche Forderung beigebracht, immer daran zu denken, wozu dieser Glaube verpflichtet (»Was erwartet Gott von dir?«). Aus dem Gottesglauben wird auf diese Weise eine beständige Selbstüberforderung. Zum Bild des strafenden Gottes tritt als zweites der »Leistungsgott«, der dem Kind immer mehr abfordert, als es leisten kann, und es damit überfordert.

»Gottesvergiftung«?

So lautet der Titel eines 1976 veröffentlichten Buches des Psychoanalytikers Tilmann Moser. Darin warnt er vor der krankmachenden Seite der christlichen Religiosität und vor erdrückenden Gottesbildern, die beispielsweise mit Höllenpein verbunden wurden und die Versagensängste auslösten. 2003 erschien ein weiteres Buch von ihm – nun mit dem Titel »Von der Gottesvergiftung zu einem erträglichen Gott«[2]. Wie Matthias Drobinski feststellt, gibt es laut Moser tief in den meisten Menschen »eine selbstverständliche Religiosität, [...] die Fähigkeit, sich liebevoll berühren zu lassen – und wenn sie auf ein lebensbejahendes Gottesbild träfe, könne sie viel zu einem gelingenden Leben beitragen. Ob es nun Gott gibt oder nicht«, habe Moser damit nicht belegt, aber immerhin einen Perspektivwechsel vorgenommen: »Glauben ist gesund.«[3]

Es ist gut, dass heute offen über negative Erfahrungen mit religiöser Erziehung gesprochen wird. Denn nur so kann eine neue Offenheit für eine kindgemäße religiöse Erziehung erreicht werden, die den Menschen in seiner Entwicklung unterstützt und stärkt. Aus christlicher Sicht handelt es sich bei dem Gott, »der alles sieht und alles bestraft«, aber auch bei dem »Leistungsgott«, der das Kind klein hält, um eine missbräuchliche Benutzung Gottes für die Erziehung. Der biblische Gott spielt dabei in aller Regel gerade keine Rolle. Vom gnädigen Gott, der die Menschen liebt, ihnen immer wieder verzeiht und der sie annimmt, ist bei einer solchen Erziehung denn auch gar nicht die Rede. In der Bibel wird aber betont, dass Gott die Kinder liebt und dass sich Jesus in ganz spezieller Weise den Kindern zugewandt hat.

Statt problematischer Gottesbilder wird heutzutage vermehrt ein anderes Problem wahrgenommen: Junge Menschen nehmen Kirche als langweilig wahr – als Institution, die das Leben der heutigen Menschen nicht versteht. Es findet eine Entfremdung zwischen individuellem Glauben und Kirche als Institution statt. Mit der eigenen – eventuell

[1] Tilmann Moser, Gottesvergiftung, Frankfurt 1976.
[2] Tilmann Moser, Von der Gottesvergiftung zu einem erträglichen Gott, Stuttgart 2003.
[3] Matthias Drobinski, Der Gott in den Köpfen, in: SZ, 14.05.2005.

vorhandenen – Gottesbeziehung haben die Erfahrungen, die Kirche für das konkrete Leben der Menschen zum Teil irrelevant erscheinen lassen, oftmals nichts zu tun. So lautet
häufig der Tenor: »Für einen Glauben an Gott benötige ich keine Kirche, und es ist auch
nicht schlimm, wenn ich mit dieser Institution nichts zu tun habe.«

Die Kritik an einer bedrohlichen und einengenden Form der religiösen Erziehung und
die zunehmende Entfremdung von der Kirche als Institution haben zum Teil dazu geführt, dass viele Eltern, Erzieherinnen oder andere Erwachsene sehr unsicher sind und
sich bei der religiösen Erziehung stark zurückhalten. Doch diese Haltung ist nicht un-
problematisch: Jetzt wachsen Kinder häufig ganz ohne jede religiöse Begleitung auf und
erhalten keine entsprechenden Impulse für ihre religiöse Entwicklung. Die Warnung
vor einer »Gottesvergiftung« hat an Bedeutung verloren, stattdessen geht es heute um
die kritische Auseinandersetzung mit dem »Kaspar Hauser-Syndrom« – die Problematik
des religiös vereinsamenden und sich selbst überlassenen Kindes rückt ins Zentrum des
Interesses. Wie einstmals Kaspar Hauser ohne jeden Kontakt zu anderen Menschen aufwachsen musste, so finden sich heute Kinder oft religiös alleingelassen. Für die »großen
Fragen«, die unvermeidlich aufbrechen, haben sie keine Gesprächspartner.

Kaspar Hauser

So der Name eines Jugendlichen, der im Jahre 1828 wohl als 16-Jähriger in Nürnberg
aufgegriffen und 1833 in Ansbach unter offiziell nie geklärten Umständen ermordet
wurde. Er berichtete, bei Wasser und Brot immer ganz allein in einem dunklen Raum
gefangen gehalten worden zu sein, was Ludwig Feuerbach bereits 1832 in einer Ab-
handlung als »Verbrechen am Seelenleben eines Menschen« bezeichnete. In Medi-
zin und Psychologie bezeichnet man als Kaspar-Hauser-Syndrom Verhaltensauffäl-
ligkeiten bei Babys und Kindern, die lange Zeit ohne persönlichen Kontakt und ohne
Zuwendung aufwuchsen und kaum soziale oder kognitive Anregungen erhielten.
Dies führt zu Sprachstörungen, mangelnder körperlicher sowie intellektueller Entwicklung und auch zu Problemen im Sozialverhalten.

Große Kinderfragen

Kinder sind dafür bekannt, dass sie komplexe Fragen stellen, die gar nicht so leicht
zu beantworten sind. Dies gilt auch für die religiösen Fragen der Kinder, die zum
Beispiel[4] lauten können:

▶ Warum bin ich auf der Welt, wenn ich sowieso mal sterben muss?

---

4 Vgl. hierzu Albert Biesinger / Helga Kohler-Spiegel, Woher, wohin, was ist der Sinn? Die großen Fragen
des Lebens: Kinder fragen – Forscherinnen und Forscher antworten, München 2011.

▶ Wann hat Erde angefangen und wann hört sie wieder auf?

▶ Ist es im Himmel schöner als auf der Erde?

▶ Komme ich von Gott – gehe ich zu Gott?

▶ Kommt meine Katze in den Himmel?

▶ Straft Gott böse Menschen?

▶ Warum werden wir krank?

▶ Wie alt ist Gott?

Chancen für religiöses Wachstum

Trotz der zu kritisierenden und zu vermeidenden Fehlformen der religiösen Erziehung dürfen die positiven Möglichkeiten einer religiösen Begleitung und Erziehung nicht aus dem Blick geraten. Religion ist eine wichtige Dimension des Aufwachsens. Sie eröffnet Kindern Zugänge zu Erfahrungen von Trost, Gewissheit, Geborgenheit, ermöglicht intensive Gemeinschaftserfahrungen und die Erfahrung dessen, was der Begriff Transzendenz meint: das Übersteigen der irdischen, endlichen Erfahrungswelt hin zum göttlichen Grund.

Vielfach wird davon berichtet, dass religiöse Erziehung den Kindern ebenso wie den Erwachsenen neue Chancen für ein religiöses Wachstum eröffnen kann. Bei den Erwachsenen geht es dabei in vielen Fällen um unterbrochene religiöse Lebenslinien. Häufig blieb die Auseinandersetzung mit Glaubensfragen auf die Kindheit beschränkt und geriet dann in Vergessenheit. Die von Kindern gestellten Fragen und Herausforderungen können dann zu einem Auslöser für ein Wiederaufnehmen der vergessenen Zusammenhänge im eigenen Leben werden. Darin liegt auch für Erzieherinnen eine wichtige und bereichernde Chance, sich wieder mit den religiösen Fragen im eigenen Leben auseinanderzusetzen.

Fragen und Zweifel:
Die eigene Biografie als Hindernis und als besondere Chance

Wie kaum ein anderer Bereich der Erziehung hängt religiöse Erziehung sehr eng mit der eigenen Person zusammen. Kinder haben ein feines Gespür dafür, wann Erwachsene authentisch kommunizieren. Und immer wieder wollen Kinder wissen, ob man denn selber glaubt, was man ihnen erzählt. Viele Erwachsene sagen heute, sie könnten ihre Kinder nicht religiös erziehen, weil sie selbst so viele Fragen und Zweifel haben.

Es ist richtig, dass man Kindern bei der religiösen Erziehung nichts vorspielen soll. Vor allem sollten Erwachsene ehrlich sein. Zugleich ist aber die Vorstellung abzulehnen, dass nur solche Erwachsene religiös erziehen können, die eine Antwort auf alle Fragen der Kinder haben und die selbst keinerlei Glaubenszweifel kennen. Denn dann könnte am Ende sicher niemand mehr religiös erziehen – bis auf wenige religiöse Fundamentalisten, die auf alles eine Antwort zu haben meinen. Zweifeln ist Teil des christlichen Glaubens, was sich auch in vielen biblischen Geschichten (Petrus, Thomas, die Jünger während des Sturms auf dem See Genezareth) zeigt.

Neue kindgemäße Formen der religiösen Erziehung legen großen Wert darauf, gemeinsam mit den Kindern nach Antworten zu suchen. Ein Beispiel dafür ist etwa die »Kindertheologie«, die wir hier als Theologie mit Kindern verstehen (→ Kapitel 7, S. 86). Bei einer solchen Theologie mit Kindern geht es um ein offenes und immer wieder auch lustiges Gespräch mit Kindern über Fragen des Glaubens. Dabei können die Kinder erfahren, dass es Spaß machen kann und auch soll, selbst nach Antworten auf ganz einfache und doch »große« Fragen zu suchen, wie zum Beispiel: »Warum fällt Gott eigentlich nicht herunter, wenn er im Himmel wohnt?«

Hat die Begleitung der theologischen Fragen von Kindern eine solch offene, intensive, wertschätzende Qualität, dann bringen Erzieherinnen immer sich selbst mit ein. Gerade wenn man Wert darauf legt, authentisch zu kommunizieren, dann darf dies im Bereich der religiösen Begleitung nicht verdrängt werden. Kinder merken schnell, ob direkt und »von innen heraus« mit ihnen gesprochen wird oder ob sie lediglich Objekte sind.

Für die religiöse Begleitung ist dies insofern eine Herausforderung, als die persönlichen Voraussetzungen gerade auch mit Blick auf die religiöse Identität und das eigene religiöse Selbstverständnis ganz unterschiedlich sein können: Manche Erzieherinnen haben ihre Lieblingsgeschichten aus der Bibel und erzählen den Kindern begeistert davon, andere wiederum können mit der Bibel gar nicht umgehen oder sind religiös distanziert. Ähnliches gilt wohl auch für muslimische Erzieherinnen und für deren Verhältnis zum Koran.

Grundsätzlich ist in pädagogischen Prozessen die Perspektive des Kindes einzunehmen und von den Kindern her zu denken. Religionspädagogische Begleitung geht sinnvollerweise von der Person und Situation des Kindes aus. Die Frage lautet zunächst also nicht, ob einer Erzieherin religiöse Bildung sinnvoll erscheint, sondern ob religiöse und interreligiöse Fragen für die Kinder und deren Entwicklung relevant sind.

Wenn man – wie die »Kinderstudie«[5] des Forschungsprojekts »Interkulturelle und interreligiöse Bildung in Kindertagesstätten« eindrucksvoll nahe legt – die Fragen und kreativen Ideen der Kinder ernst nimmt, können sich Erzieherinnen aber aus dem Themenkomplex Religion nicht heraushalten, denn keine Stellung zu nehmen ist auch eine Stellungnahme. Kinder empfinden eine solche Haltung oft als Ablehnung.

---

[5] Anke Edelbrock/Friedrich Schweitzer/Albert Biesinger (Hrsg.): Wie viele Götter sind im Himmel? Religiöse Differenzwahrnehmung im Kindesalter, Münster 2010.

Neue Herausforderungen angesichts der Multireligiosität

Erzieherinnen, die schon viele Jahre berufstätig sind, werden durch die zunehmende Multireligiosität und durch die Herausforderungen des interreligiösen Dialoges in einer bisweilen überraschenden Weise mit ihrer eigenen Religiosität konfrontiert. Kinder stellen heute ganz andere religiöse Fragen als vor einem Jahrzehnt und setzen sich aufgrund der veränderten Lebenswirklichkeit mit anderen religiösen Themen auseinander. Auf dem Nachhauseweg sagte beispielsweise Mustafa, der Muslim ist, zu Mirjam, die katholisch ist: »Der Gott kann doch keinen Sohn haben. Das mit Bethlehem ist alles Lüge.« Interreligiöse Gedanken, Dialoge und Konfrontationen sind längst Teil des Kita-Alltags geworden. Auch wer religiöse Weltdeutungen nicht kennenlernen konnte oder sie bewusst ablehnt, sieht sich im Alltag einer Kita mit religiösen und interreligiösen Fragen konfrontiert.

Menschen, die bewusst säkular, also ohne religiöse Rückbindung leben und die dies als ebenso ernst zu nehmende Weltdeutung verstehen wie den religiösen Glauben, sind mit ihrer eigenen Biografie ebenfalls wertzuschätzen. Schließlich kommt ein Mensch, der seine Welt nicht religiös deutet, nicht weniger zu Wahrheitsansprüchen, verlangt deren Würdigung und fordert sie möglicherweise ein; ebenso wie derjenige, der einen konkret religiösen Weg beschreitet – ob im Christentum, Islam, Judentum, Buddhismus, Hinduismus und anderen Religionen –, seine biografischen Erfahrungen nicht verleugnen kann und will.

Die Vielfalt der religiösen und nicht-religiösen Biografien von Erzieherinnen in Kindertagesstätten kann eine Bereicherung für die Kinder sein. Schließlich kommen die Kinder ebenfalls aus sehr unterschiedlichen Familien mit vielfältigen religiösen oder nicht-religiösen Biografien.

Wie ich mit eigenen biografischen Erfahrungen Kinder religiös begleiten kann

Innerhalb der Religionspädagogik wird kontrovers diskutiert, wie intensiv Erzieherinnen ihre eigene biografische Erfahrung in die Begleitung von Kindern einbringen sollen. Es könnte ja auch zu einer »Übermächtigung« von Kindern kommen – eben nicht zu einer professionellen Unterstützung von Kindern, sondern zu einer Überwältigung. Umgekehrt kann es aber auch sein, dass Kinder genau eine solche authentische Erzieherin, deren religiöse Einstellungen sich auch in der Praxis bemerkbar machen, besonders interessant finden. In einer heterogen zusammengesetzten Kindergruppe ist es unerlässlich, sensibel zu agieren, denn die eigenen biografischen Voraussetzungen treffen hier bei den Kindern auf vielfältige Erfahrungen und religiöse Prägungen. Daraus können sich Konflikte ergeben, etwa wenn muslimische Kinder spüren, dass eine christliche Erzieherin den muslimischen Glauben der Kinder innerlich ablehnt.

Wenn allerdings religiöse Bildung in der Kita – um Konflikte zu vermeiden – vollkom-
men ausgegrenzt wird und die Kinder mit ihren Fragen keine Unterstützung bekommen,
ist dies ebenso defizitär, denn auch dies kann eine »Übermächtigung« von Kindern sein.
Zwischen diesen beiden Extremen ist ein den Kindern und der eigenen Person ange-
messener persönlicher Umgang mit Religion, Religiosität und religiöser Begleitung zu
suchen.

Auf der Wissensebene kann sich jede Erzieherin im Blick auf Christentum, Judentum
und Islam Kompetenzen aneignen, die es ermöglichen, Kinder und ihre Fragen entsprechend zu unterstützen. Die Beschreibungen im 6. Kapitel dieses Buches von Ednan Aslan für den Islam, Alfred Bodenheimer für das Judentum sowie Albert Biesinger und
Friedrich Schweitzer für das Christentum bieten dafür eine Grundlage (→ S. 60).

Und wenn ich keine Antwort auf die Fragen der Kinder habe ...?

Kinder fragen nicht erst, wenn sie hierzu extra aufgefordert werden. Sie sind in ihren
religiösen Phantasien, in ihren Interaktionen und Deutungen sehr kreativ und stellen
manchmal ganz überraschende Fragen, die nur schwer zu beantworten sind. Da fällt
es manchmal nicht leicht, aus dem Stegreif kompetente Antworten zu geben. »Warum
heißt Gott in Berlin Gott, in Arabien Allah, und in Thailand Buddha?«, wäre eine solche
Frage, die – obwohl oder gerade von einem Kind gestellt – ein religionsgeschichtliches
und theologisches Kernproblem trifft und eben nicht einfach schnell in drei Sätzen zu
beantworten ist.

Dabei sind die jeweiligen Kontexte zu beachten, in denen die Fragen gestellt werden.
Zunächst sind da die Fragen, die Kinder deshalb stellen, weil sie eine Antwort wollen.
Andere Fragen formulieren Kinder eher, um in einen Dialog einzusteigen oder um selber
Antworten zu suchen und zu finden. Für viele Kinder ist es reizvoll, in der Erzieherin
einen Menschen zu haben, mit dem man sich austauschen kann und der einem ernst-
haft zuhört.

Es ist schwierig, auf alle Fragen immer eine passende Antwort zu haben. Noch schwieriger ist dies bei religiösen Fragen, wo es nicht nur um Faktenwissen, sondern besonders
um Glauben geht. Souveräner Umgang bedeutet hier, sich klarzumachen, dass nicht alle
Fragen der Kinder beantwortet werden können. Den Kindern sollten keine Antworten gegeben werden, die ihre religiöse Entwicklung und ihre Gottesbilder negativ prägen. Statt
unangemessene Antworten zu geben, ist es besser zu sagen: »Darüber muss ich erst mal
selber noch nachdenken«, oder: »Können wir darüber morgen noch einmal sprechen?«
Besonders zu empfehlen ist in jedem Fall die gemeinsame Suche nach Antworten mit
dem Kind. Kinder lassen sich in der Regel gerne darauf ein. So gewinnt man Zeit, und
zugleich fühlt sich das Kind ernst genommen.

Angesichts der zunehmenden Komplexität und der Multireligiosität der Lebenswelten heute muss religiöse Bildung auch interreligiöse Bildung mit einschließen. Es ist Kindern nicht geholfen, wenn sie zwar eine christliche religiöse Bildung bekommen, aber diese nicht auf die Herausforderungen vorbereitet, mit den Kindern anderer Religionen in einen konstruktiven Verstehensprozess zu kommen – gerade wenn die Kinder untereinander schon längst Fragen diskutieren wie: »Wer ist größer – Allah oder Jesus?« Und natürlich haben auch muslimische Kinder und Kinder, die anderen Religionen angehören, ein Recht auf religiöse Begleitung.

Die eigenen Kompetenzen erproben und einüben

Bereiten Sie ein Gespräch mit der Kita-Leitung vor, in dem Sie ausgehend von Ihren religiösen Erfahrungen reflektieren,

▶ welche Form der religiösen Begleitung und welche religiösen Erfahrungen Sie den Kindern weitergeben möchten und welche nicht,

▶ wo Sie Probleme befürchten und

▶ welche Hilfestellungen Sie sich wünschen.

Zum Weiterlesen

Matthias Hugoth, Handbuch religiöse Bildung in Kita und Kindergarten, Freiburg 2012:
▶ 11. Kapitel, Erforderliche Haltungen und Kompetenzen der pädagogischen Fachkräfte, S. 240–247.
▶ 12. Kapitel, Spiritualität von Erzieherinnen, S. 248–257.
▶ 13. Kapitel, Die eigene Resilienz stärken: Anregungen für Erzieherinnen, S. 258–262.

Rainer Möller/Reinmar Tschirch (Hrsg.), Arbeitsbuch Religionspädagogik für Erzieherinnen, Stuttgart 2002:
▶ 1. Kapitel, »Muss ich als Erzieherin auch religionspädagogisch qualifiziert sein?« – Berufsrolle und religiöse Identität, S. 11–58.

2.

Religiöse Bildung und
Begleitung für alle Kinder?

Aufgaben in den Orientierungs-
und Bildungsplänen

Zu den wichtigen bildungspolitischen Entwicklungen der letzten Jahre gehört die Einführung von Orientierungs- und Bildungsplänen für den Elementarbereich. Darin kommt nicht zuletzt eine Anerkennung der Einrichtungen für Kinder zum Ausdruck, die damit nicht nur als Stätten der *Betreuung* und *Erziehung*, sondern weiterreichend auch als Orte der *Bildung* angesehen werden.

In vielen dieser Orientierungs- und Bildungspläne werden Religion, Religionen und religiöse Begleitung als ein zentraler Bildungsbereich ausgewiesen. Dabei wird den verschiedenen Einrichtungen aber nicht einfach vorgeschrieben, wie sie die entsprechenden Bildungsaufgaben umsetzen sollen, vielmehr soll die Freiheit bleiben, eigene Wege zu finden. Insofern ergibt sich aus den Orientierungs- und Bildungsplänen die Herausforderung, sich über die eigenen Ziele und Vorgehensweisen klar zu werden.

Die Bildungs- und Orientierungspläne – zum Teil haben sie in den verschiedenen Bundesländern einen anderen Namen – sind im Gegensatz zu den Bildungsplänen an den Schulen bislang nicht verpflichtend. Bei den Bildungszielen, insbesondere im sensiblen Bereich der religiösen und interreligiösen Bildung, fallen Unterschiede auf, die sachlich kaum zu erklären sind und die deshalb willkürlich erscheinen. So fehlt in manchen Plänen der religiöse Aufgabenbereich ganz. Darin spiegeln sich Auffassungen, die Religion etwa als Privatsache ansehen oder die davon ausgehen, dass Religion in kommunalen Einrichtungen keine Rolle spielen dürfe. Dabei wird überschen, dass auch in kommunalen Einrichtungen Religionsfreiheit gewährleistet sein muss (vgl. unten S. 24).

Aus pädagogischer Sicht wäre es angemessen, wenn die religiöse Dimension in den Bildungsplänen aller Bundesländer sowie in allen Einrichtungen gleichermaßen berücksichtigt würde. Denn auch die religiöse Dimension gehört zum Aufwachsen von Kindern unverzichtbar mit hinzu. Im Zentrum soll das Kind mit seinen Entwicklungs- und Orientierungsbedürfnissen stehen. Geboten werden sollen dem Kind Zugänge zur religiösen Überlieferung – etwa in Form von Geschichten und Liedern, aber auch von Bildern und Symbolen – sowie Zugänge zu Ritualen und anderen religiösen Ausdrucksformen – etwa zu Gebeten und Formen des gemeinsamen Feierns. Dazu muss in religiöser Hinsicht eine anregungsreiche Umwelt verfügbar sein. Kindergärten und Kitas sollten in ihrer Ausstattung ganz selbstverständlich Zugänge zu Religion ermöglichen. Bei den Kinder- und Bilderbüchern beispielsweise sollten immer auch religiöse Darstellungen vorhanden sein, sodass sich Kinder selbst ein Buch holen und vielleicht auch mit der Erzieherin darüber sprechen können. Im Tages-, Wochen- und Jahresverlauf sollten feste Zeiten vorhanden sein, zu denen der religiösen Dimension besonders Raum gegeben wird, etwa am Beginn des Kindergartentages oder am Ende der Woche. Den Tag beispielsweise mit einem Morgenritual zu strukturieren vermittelt den Kindern Sicherheit und Stabilität.

Dabei ist stets zu berücksichtigen, dass die Kinder in den Kindergruppen gewöhnlich nicht nur *einer* Konfession oder *einer* Religion angehören. Interreligiöses Lernen gehört zu den Grundaufgaben einer jeden Einrichtung. Und natürlich müssen auch Kinder, deren Eltern keine religiöse Erziehung wünschen, Beachtung finden.

Aufgabe

Das erste religionspädagogische Ziel in einem der Orientierungs- und Bildungspläne heißt:
Kinder entwickeln Vertrauen in das Leben auf der Basis lebensbejahender religiöser bzw. weltanschaulicher Grundanschauungen.
Beschreiben Sie Möglichkeiten, wie dieses Ziel in der Praxis erreicht werden kann.

Grundinformationen

Jedes Bundesland hat einen eigenen Orientierungs- und Bildungsplan. Es gibt zwar auch einen bundesweiten Rahmenplan der Kultusministerkonferenz (KMK), aber maßgeblich sind letztlich die Einzelpläne.

Länderübergreifende Bestimmungen

Seit 2004 gibt es erstmals bundesweite Rahmenvorgaben für Bildung in Tageseinrichtungen für Kinder (Beschluss der Jugendministerkonferenz und der Kultusministerkonferenz). Beschlossen wurde ein »Gemeinsamer Rahmen der Länder für die frühe Bildung in Kindertageseinrichtungen«. Religionspädagogische Aufgaben werden dort gleich in mehrfacher Hinsicht angesprochen.

Als Bildungsbereich genannt wird die »Personale und soziale Entwicklung, Werteerziehung / religiöse Bildung«. Ausgeführt wird dazu: »Zur Förderung der personalen Entwicklung des Kindes gehört die Stärkung seiner Persönlichkeit ebenso wie die Förderung von Kognition und Motivation sowie von körperlicher Entwicklung und Gesundheit. Um ein verantwortliches Mitglied der Gesellschaft zu werden, benötigt das Kind soziale Kompetenzen und orientierendes Wissen. Zur Werteerziehung gehören die Auseinandersetzung und Identifikation mit Werten und Normen sowie die Thematisierung religiöser Fragen.«[1]

Im Weiteren wird der Zusammenhang zwischen Religion und Integration angesprochen: »Um sozialer Ausgrenzung vorzubeugen und angemessen zu begegnen, wird auf die Zusammenstellung der Gruppen geachtet. Individuelle Unterschiede in Bezug auf

---

[1] Sekretariat der Ständigen Konferenz der Kultusminister der Länder (Hrsg.), Gemeinsamer Rahmen der Länder für die frühe Bildung in Kindertageseinrichtungen (Beschluss der Jugendministerkonferenz vom 13./14.05.2004; Beschluss der Kultusministerkonferenz vom 03./04.06.2004), 4, http://www.kmk.org/fileadmin/veroeffentlichungen_beschluesse/2004/2004_06_04-Fruehe-Bildung-Kitas.pdf (abgerufen am 03.12.2012).

Geschlecht, Herkunft, Religion, Lebensweise, Alter und Entwicklungsstand, Stärken und Schwächen werden gesehen und anerkannt. Sie werden in organisatorischer und pädagogischer Hinsicht berücksichtigt.«[2]

Schließlich werden Aufgaben und Möglichkeiten der Kooperation für die Einrichtungen benannt: »Für den Bildungsauftrag von Kindertageseinrichtungen bedeutsam sind auch die Gemeinwesenorientierung der Einrichtungen sowie deren Kooperation und Vernetzung mit anderen Stellen und Institutionen. Hinzuweisen ist insbesondere auf die Vernetzung mit anderen Kindertageseinrichtungen und der Grundschule, aber auch auf die Kooperation mit kulturellen, sozialen, umweltpädagogischen und medizinischen Einrichtungen und Diensten, mit der politischen Gemeinde, den Pfarr- und Kirchengemeinden, mit familienunterstützenden Einrichtungen der Jugendhilfe, mit Arztpraxen und dem Gesundheitsamt.«[3]

Übergreifende Aufgaben im religiösen Bereich:

- ▶ Persönlichkeitsentwicklung
- ▶ Soziale Entwicklung
- ▶ Wertebildung
- ▶ Integration
- ▶ Gemeinwesenorientierung

Orientierungs- und Bildungspläne der einzelnen Bundesländer

Dem föderalen Prinzip entsprechend, dass Bildungsfragen von den einzelnen Bundesländern geregelt werden, haben inzwischen alle Bundesländer eigene Orientierungs- und Bildungspläne vorgelegt.

Zum Beispiel: Baden-Württemberg und Rheinland-Pfalz

Der Orientierungsplan für Bildung und Erziehung für die baden-württembergischen Kindergärten, der 2006 im Rahmen der Pilotphase veröffentlicht wurde, beschreibt sechs Bildungs- und Entwicklungsfelder. Das sechste dieser Felder trägt die Überschrift »*Sinn, Werte und Religion*«. Auf diese Weise wird deutlich, dass ein religiöses Bildungsangebot für alle Einrichtungen verpflichtend ist, ganz unabhängig von der Trägerschaft, dass aber beispielsweise kommunale Einrichtungen andere Wege bei dieser Aufgabe gehen können als kirchliche Einrichtungen. Die Formulierung »Sinn, Werte und Reli-

[2] Ebd., 7.
[3] Ebd., 7.

gion« soll dafür ausreichend Spielraum lassen. Sie ermöglicht bewusst unterschiedliche Schwerpunktsetzungen und praktische Gestaltungsmöglichkeiten.

Im Einzelnen werden in diesem Orientierungs- und Bildungsplan folgende Ziele ausgewiesen:

»Kinder

▶ entwickeln Vertrauen in das Leben auf der Basis lebensbejahender religiöser bzw. weltanschaulicher Grundanschauungen,

▶ nehmen die Bedeutung unterschiedlicher Lebensbereiche (z. B. Naturwissenschaft, Kunst, Religion, Sprache etc.) sowie vielfältige plurale Lebensverhältnisse wahr und werden in der Hoffnung auf eine lebenswerte Zukunft gestärkt,

▶ erfahren und hören von der christlichen Prägung unserer Kultur,

▶ können in ihrem Philosophieren und/oder Theologisieren über das Leben und die Welt verständnisvolle Partner finden,

▶ erleben und kommunizieren Sinn- und Wertorientierungen auf elementare Weise unter Berücksichtigung vorhandener religiöser bzw. weltanschaulicher Traditionen,

▶ beginnen, sich ihrer eigenen (auch religiösen) Identität bewusst zu werden und lernen gemeinsam ihre sozialen sowie ökologischen Bezüge in einer vielfältigen Welt mitzugestalten,

▶ erfahren einen Ort des guten Lebens als Heimat.«[4]

Weiter illustriert wird dies durch Fragen, die als *Denkanstöße* begriffen werden sollen:

▶ »Was hilft den Kindern, eine positive Grundeinstellung zu entwickeln?

▶ Wie sorgt der Kindergarten dafür, dass jedem Kind in seiner Einzigartigkeit – in seinen Stärken und Schwächen, mit oder ohne Behinderung – Achtung und Verständnis entgegengebracht wird?

▶ Wo erfahren Kinder zwischen Gerechtigkeit und Ungerechtigkeit zu unterscheiden?

▶ Wodurch erfahren die Kinder von Menschen, die auf Gott vertrauen?

▶ Wie erfahren Kinder, dass Schwierigkeiten und Krisen bewältigt werden können?«

Die Bildungs- und Erziehungsempfehlungen in Rheinland-Pfalz weisen viele Parallelen zu dem Orientierungsplan in Baden-Württemberg auf. Bemerkenswert ist, dass in Rheinland-Pfalz die *interreligiöse* Dimension deutlicher beschrieben wird:

»Zu den allgemeinen Aufgaben religiöser Bildung gehören beispielsweise:

▶ Unvoreingenommen unterschiedliche Formen von Glaube und Religion wahrnehmen,

▶ fähig sein, Sinn- und Bedeutungsfragen zu stellen,

▶ Feste und Rituale aus eigenen und fremden Kulturkreisen entdecken,

---

4 Ministerium für Kultus, Jugend und Sport Baden-Württemberg (Hrsg.), Orientierungsplan für Bildung und Erziehung für die baden-württembergischen Kindergärten, Pilotphase, Weinheim 2006, 116; Zitate im Folgenden 117.

▶ innere Erfahrungen ausdrücken können und eine Sprache für die Kommunikation von Erfahrungen ausbilden,

▶ Zugänge zur Wirklichkeit finden durch Begegnung, Staunen, Stille und Formen elementarer Meditation (zum Beispiel bei Naturerfahrungen, Horchen auf innere Bilder und Fantasien im Anschluss von Geschichten).«[5]

Orientierungs- und Bildungspläne für den Elementarbereich gibt es erst seit vergleichsweise kurzer Zeit. In der Praxis haben sie sich noch keineswegs überall durchsetzen können. Pädagogisch sind sie insofern zu begrüßen, als sie den Kindergarten in seiner Bildungsarbeit stärken. Das gilt auch in religionspädagogischer Hinsicht, sofern die Aufgaben einer auf Religion und religiöse Begleitung bezogenen Bildung geklärt werden (was nicht in allen Bundesländern schon der Fall ist). Gerade in unserer Gegenwart sind solche Klärungen wichtig. Denn die zunehmend multireligiöse Situation in unserer Gesellschaft macht religiöse Erziehung schwieriger, wichtiger und herausfordernder zugleich.

Fragen für die Umsetzung in der Praxis

Für die Umsetzung der Vorgaben in den Bildungsplänen im Blick auf religiöse Erziehung stellen sich zahlreiche Fragen.

Kirchliche und kommunale Trägerschaften

Die Bildungspläne beziehen sich auf alle Einrichtungen, unabhängig von ihrer Trägerschaft. Soweit die Bildungspläne – wie bei den vorgestellten Beispielen aus Baden-Württemberg und Rheinland-Pfalz – religionspädagogische Aufgaben ausweisen, werden diese Aufgaben damit auch auf Einrichtungen in kommunaler Trägerschaft bezogen. Dies widerspricht der weit verbreiteten Auffassung, dass solche Aufgaben ausschließlich von Einrichtungen in kirchlicher Trägerschaft wahrgenommen werden sollten, während kommunale Einrichtungen weltanschaulich neutral seien und sich deshalb religiös zurückhalten müssten.

Aber auch für Einrichtungen in kirchlicher Trägerschaft entstehen hier Fragen: Wenn sich die Kindergruppen in den Einrichtungen fast durchweg religiös gemischt darstellen und wenn sich vor allem muslimische Kinder in so gut wie allen Einrichtungen finden, kann eine religiöse Begleitung sich nicht in einem ausschließlich evangelischen oder katholischen Angebot erschöpfen.

Zu Recht lassen die Bildungspläne großen Spielraum für ihre Umsetzung in der Praxis. Auch die Unterschiede, die mit verschiedenen Trägerschaften verbunden sind, sollen nicht aufgegeben werden. Ebenfalls aus guten Gründen steht im Zentrum aber nicht die

---

[5] Ministerium für Bildung, Frauen und Jugend, Rheinland-Pfalz, Bildungs- und Erziehungsempfehlungen für Kindertagesstätten in Rheinland-Pfalz, Weinheim 2004, 52.

Trägerschaft, sondern die grundlegende Orientierung am Kind sowie an einer umfassenden Förderung von Kindern in allen Lebensbereichen und in allen Dimensionen der kindlichen Persönlichkeit. Die religiöse Dimension muss deshalb in allen Einrichtungen wahrgenommen werden – unabhängig von der Religionszugehörigkeit des Kindes oder seiner Eltern.

Inzwischen ist auch geklärt, dass kommunale Einrichtungen keineswegs dazu verpflichtet sind, auf religiöse Begleitung der Kinder zu verzichten. Das zeigt das Beispiel der staatlichen Grundschulen, die von den Kindern später oder, im Falle von Kinderhorten, gleichzeitig besucht werden. In der Schule wird mit dem Religionsunterricht, der in Zusammenarbeit mit den Religionsgemeinschaften erteilt wird, auch im staatlichen Bereich den Kindern ein religionspädagogisches Angebot gemacht. Dies entspricht den grundgesetzlichen Regelungen und ist Ausdruck der Religionsfreiheit von Kindern und Eltern (Grundgesetz, Artikel 4 und 7).

Positive und negative Religionsfreiheit

Die Religionsfreiheit gehört zu den Grundrechten eines jedes Menschen, die auch im Grundgesetz festgeschrieben sind.
In Deutschland haben wir sowohl eine positive als auch eine negative Religionsfreiheit. Positive Religionsfreiheit bedeutet, seinen Glauben – auch in der Öffentlichkeit – leben und für seine weltanschaulichen Überzeugungen eintreten zu können. Zur Religionsfreiheit gehört jedoch auch die Freiheit, an nichts zu glauben, keiner Religionsgemeinschaft anzugehören und an religiösen Praktiken nicht teilnehmen zu müssen – dieses Recht wird auch negative Religionsfreiheit genannt.

Grundgesetz, Artikel 4
(1) Die Freiheit des Glaubens, des Gewissens und die Freiheit des religiösen und weltanschaulichen Bekenntnisses sind unverletzlich.
(2) Die ungestörte Religionsausübung wird gewährleistet.

Grundgesetz, Artikel 7
(2) Die Erziehungsberechtigten haben das Recht, über die Teilnahme des Kindes am Religionsunterricht zu bestimmen.

Daraus ergibt sich, dass auch bei den Tageseinrichtungen für Kinder nach Wegen gesucht werden muss, wie religionspädagogische Aufgaben umgesetzt werden können – freilich immer so, dass auch die Rechte und Freiheiten solcher Kinder und Eltern gewahrt und geachtet werden, die keine religiöse Erziehung wünschen. Dafür gibt es im Moment zwar zahlreiche praktische Anregungen, aber noch kein allgemeines Modell.

Deshalb müssen in jedem Einzelfall gangbare Wege gesucht werden, immer auch unter Berücksichtigung der Verhältnisse in der jeweiligen Einrichtung, im Stadtteil oder in der Gemeinde. Ehe dies weiter vertieft und an Beispielen konkretisiert wird, zunächst noch einige Fragen zu den Kindern und ihren Eltern.

Wie im ersten Kapitel ausgeführt: Wenn man die Perspektive des Kindes einnimmt, das in eine multireligiöse Gesellschaft hineinwächst, dürfen Eltern, die keine religiöse Erziehung ihrer Kinder wollen, nicht den Zugang zu Religion für alle anderen Kinder verhindern. Verschiedene Rechte – und so auch die positive und die negative Religionsfreiheit – müssen miteinander ausbalanciert werden.

Kinder

Die Bildungspläne gehen in der Regel nicht genauer auf die religiösen Prägungen und Vorerfahrungen der Kinder ein, sondern bleiben auf einer allgemeinen Ebene. Tatsächlich gehören die meisten Kinder in den Einrichtungen einer bestimmten Religion an oder sind weltanschaulich geprägt. Es wäre sicher falsch, die Kinder deshalb einfach bestimmten Gruppen zuzuordnen und sie beispielsweise nur noch als »christliche«, »muslimische« oder »konfessionslose« Kinder zu sehen. Solche Wahrnehmungen können leicht zu Vorurteilen führen. Umgekehrt kommt es aber dennoch darauf an, den Kindern mit ihren jeweiligen Prägungen gerecht zu werden. Die Kinder sollen erfahren, dass sie *mit* ihren religiösen und weltanschaulichen Prägungen in der Einrichtung willkommen sind. Kompetente pädagogische Arbeit mit Kindern ist nur dann möglich, wenn die Kinder mit all ihren Voraussetzungen sorgfältig wahrgenommen werden. Das gilt beispielsweise nicht nur bei der Sprachförderung, sondern auch im Blick auf ihre religiösen und weltanschaulichen Prägungen.

Eltern

Eine Umsetzung der religionspädagogischen Aufgaben kann nur gelingen, wenn sie durch intensive Kommunikation mit den Eltern begleitet wird. Gleichzeitig eröffnen sich bei religionspädagogischen Fragen auch neue Möglichkeiten für die Elternarbeit.

Die empirischen Befunde zu den Erwartungen von Eltern an die Einrichtungen machen es wahrscheinlich, dass hier mit Spannungen zu rechnen ist. Auf der einen Seite erwartet ein großer Teil der Eltern von den Einrichtungen eine religiöse Erziehung ihres Kindes. Auf der anderen Seite wünscht sich ein ebenfalls großer Teil der Eltern, dass sich die Einrichtung in dieser Hinsicht stark zurückhält. In dieser Situation gibt es kaum eine andere sinnvolle Möglichkeit, als ausführliche Gespräche mit den Eltern zu führen.

Den Eltern muss deutlich werden, dass Entscheidungen im Blick auf religiöse Erziehung zwar in erster Linie ein Recht der Eltern darstellen und dass die Einrichtungen dieses Freiheitsrecht auch achten. Zugleich haben nach heutiger Auffassung Kinder aber Rechte im Verhältnis zu den eigenen Eltern. Im Einzelfall kann dies bedeuten, dass Kinder aus solchen Elternhäusern Interesse an Religion haben, die keine religiöse Erziehung wünschen. Aber auch der umgekehrte Fall ist möglich – dass Kinder die von den Eltern gewünschte religiöse Erziehung nicht gut finden oder sogar darunter leiden. Aufgabe der Einrichtung ist es hier, einen Ausgleich zu finden – zum Wohl des Kindes.

Nicht alle Fragen der Förderung und Bildung für Kinder können einfach den Mehrheitswünschen der Eltern überlassen werden. Alle Kinder müssen heute auf das Leben in einer zunehmend multikulturellen und multireligiösen Gesellschaft vorbereitet werden. Eine von allen Einrichtungen zu erfüllende Minimalanforderung besteht deshalb darin, dass allen Kindern ein auf verschiedene Religionen bezogenes Wissen und Verstehen verfügbar gemacht wird, in Deutschland vor allem im Blick auf Judentum, Christentum und Islam. Dass ein solches Wissen kindgemäß sein muss, versteht sich dabei von selbst.

Religionspädagogisch ist Konsens, dass Kinder ein Recht auf Religion haben. Es macht keinen Sinn, Erwachsenen ein Recht auf Religion und religiöse Betätigung zuzugestehen, sie Kindern aber zu verweigern. Das Argument, dass Kinder später selbst entscheiden sollen, ob sie sich religiös orientieren, ist entwicklungspsychologisch nicht haltbar. Wie bei der Sprachentwicklung ist die frühe Kindheit auch im Blick auf die religiöse Entwicklung grundlegend von Bedeutung. Dass Kinder sich später, als Jugendliche und Erwachsene, dann anders orientieren können, muss selbstverständlich beachtet und akzeptiert werden. Die These »Kinder nicht um Gott betrügen«[6] basiert auf der Überlegung, dass Kindern möglicherweise zentrale Deutekategorien zur Interpretation der Wirklichkeit verbaut werden, wenn ihnen religiöse Bildung vorenthalten wird.

Erzieherinnen

Dass religiöse Bildung nicht als zusätzliche Aufgabe und Ballast verstanden werden darf, sondern integriert in den Bereich der Persönlichkeitsbildung zu verstehen ist, bringt für Erzieherinnen nicht eine zusätzliche Belastung, sondern kann eine deutliche Entlastung sein. Will man religiöse und interreligiöse Bildung in den Kita-Alltag integrieren, muss man hierfür nicht mehr Personal einstellen und die Kita-Öffnungszeiten ausdehnen, sondern die bereits vorhandene Zeit und die vorhandenen Ressourcen gezielt nutzen. Allerdings ist mit Blick auf die Fort- und Weiterbildung sehr wohl eine Änderung notwendig: Hier muss der Themenbereich der religiösen und interreligiösen Bildung aufgewertet werden. Ebenso wie Sprachförderung oder Sozialverhalten muss dieser Bereich in den üblichen Fortbildungszeiten bearbeitet werden.

Bildungspläne bieten einen Orientierungsrahmen und in der Regel keine konkreten Konzeptionen. Orientierungspläne sind auch keine in Stein gemeißelten Gesetze, sondern sollen kreative Neuentwicklungen hervorbringen, je nach Profil des jeweiligen Trägers. Dass religionspädagogische Aufgaben in Bildungsplänen ausgewiesen sind, macht zugleich deutlich, dass Eltern, die keine religiöse Erziehung ihrer Kinder wollen, sich nicht einfach über solche Bildungsüberlegungen hinwegsetzen können. In der Schule geben Bildungspläne klare Vorgaben, die mit Eltern nicht verhandelbar sind. Allerdings können Eltern ihr Kind vom Religionsunterricht abmelden. Doch die religiöse Erziehung

---

6 Albert Biesinger, Kinder nicht um Gott betrügen, Freiburg 2012.

in Kindertagesstätten ist kein Religionsunterricht, sondern die Bearbeitung der religiösen und interreligiösen Fragen der Kinder – vor dem Hintergrund der auf sie zukommenden Problemstellungen des multikulturellen und multireligiösen Zusammenlebens im 21. Jahrhundert.

Auch in anderen Ländern wird diese Auffassung vermehrt anerkannt. So spielen etwa in dänischen Kitas religiöse Inhalte heute wieder eine größere Rolle als früher, wie eine dänische Studie im Jahre 2012 ergeben hat. Demnach werden in den Einrichtungen dort vermehrt christliche Lieder gesungen, biblische Geschichten erzählt und Krippenspiele einstudiert. Auch islamische Feste wie das Opferfest werden berücksichtigt. Grund hierfür seien weniger bildungspolitische Vorgaben als die Lebenssituation der Familien. Demnach schenken junge dänische Eltern der Religion wieder vermehrt Beachtung.

Die eigenen Kompetenzen erproben und einüben

▶ Analysieren Sie die für Ihr Bundesland gültige Fassung des Bildungsplans. Was bedeutet das konkret für die religiöse und interreligiöse Bildung in Ihrer Kita?

▶ Welche Aspekte des Bildungsplans sind Ihnen mit Blick auf religiöse und interreligiöse Bildung besonders und welche weniger wichtig?

▶ Welche Vorstellungen können Sie umsetzen und welche sehen Sie mit Blick auf die konkrete Praxis kritisch?

▶ Erstellen Sie einen exemplarischen Wochenplan, in dem religionspädagogische Aufgaben ausgewiesen sind.

Zum Weiterlesen

Matthias Hugoth, Handbuch religiöse Bildung in Kita und Kindergarten, Freiburg 2012.
Kirchenamt der Evangelischen Kirche in Deutschland (Hrsg.), Religion, Werte und religiöse Bildung im Elementarbereich, Hannover 2007.
Sekretariat der Deutschen Bischofskonferenz (Hrsg.), Welt entdecken, Glauben leben: Zum Bildungs- und Erziehungsauftrag katholischer Kindertageseinrichtungen (Die deutschen Bischöfe, 89), Bonn 2009.
»Sinn, Werte und Religion« in Kindertageseinrichtungen. Ein Beitrag zur Umsetzung des Orientierungsplans. Hrsg. von den Diözesen und Landeskirchen in Baden-Württemberg, Stuttgart 2011.

3.

Mit der religiösen Entwicklung

von Kindern vertraut sein

Hinweise aus der human- und sozialwissenschaftlichen Forschung

Wir wissen heute, dass Kinder vom Beginn ihres Lebens an Erfahrungen machen, die religiös bedeutsam sind. Religion ist nicht etwas, was den Kindern einfach von außen vermittelt wird. Vielmehr entwickeln sich die Kinder auch selber in religiöser Hinsicht. Allerdings muss diese Entwicklung begleitet und unterstützt werden. Die Religion des Kindes entfaltet sich nicht automatisch, nicht ohne Anregungen durch andere Menschen. Als religionspädagogische Aufgabe kann folglich von einer Begleitung der religiösen Entwicklung von Kindern gesprochen werden.

Eine professionelle Begleitung setzt die Vertrautheit mit der religiösen Entwicklung im Kindesalter voraus. Dazu gibt dieses Kapitel Hinweise aus der human- und sozialwissenschaftlichen Forschung.

Aufgabe

▶ Wie wirkt das nachfolgende Bild[1] auf Sie?

▶ Was ist diesem Bild über die kindliche Gottesvorstellung zu entnehmen?

▶ Wie hängen die Vorstellungen dieses Kindes mit der kindlichen Entwicklung insgesamt zusammen?

Gott ist bei Sonne und Mond. Er hat ein gelbes Kleid und Ohren wie ein Elefant, damit er alles hört, was wir beten – auch durcheinander. Deborah, 4 Jahre

1 Die Bilder in diesem Kapitel stammen von einer von Kindern gestalteten Ausstellung. Wir danken Pfarrer Jochen Maier dafür, dass er uns die Bilder zur Verfügung gestellt hat.

Grundinformationen

Wichtige Etappen in der religiösen Entwicklung im Alter bis zu zehn Jahren

In der Zeit von der Geburt bis zum zehnten Lebensjahr können grob vier Phasen in der religiösen Entwicklung unterschieden werden:

Frühe Kindheit: Grundvertrauen

Heute geht die Religionspsychologie meist davon aus, dass die religiöse Entwicklung gleich nach der Geburt beginnt. Von Anfang an machen Kinder Erfahrungen, die zumindest später auch religiös bedeutsam sind: Erfahrungen von Angst und Hoffnung, sich verloren zu fühlen, die Suche nach Schutz und Geborgenheit. All dies sind prägende Erfahrungen im Leben eines jeden Kindes.

Solch frühe Erfahrungen liegen zunächst natürlich noch ganz im vorsprachlichen Bereich. Sie sind Teil des kindlichen Lebens insgesamt und lassen sich nicht als ein spezieller Bereich der religiösen Erfahrung isolieren. Im weiteren Entwicklungsverlauf können sie sich aber mit religiösen Vorstellungen und religiöser Sprache verbinden. Vor allem der deutsch-amerikanische Psychoanalytiker Erik H. Erikson hat auf den Zusammenhang zwischen der kindlichen Vertrauensbildung und dem menschlichen Glauben beispielsweise an einen Schöpfergott hingewiesen. Er spricht von einem »Urvertrauen« oder »Grundvertrauen«, das Kinder erwerben müssen, wenn sie sich in gesunder Weise entwickeln sollen. Dabei geht es zunächst um das Vertrauen des Kindes gegenüber anderen Menschen, häufig besonders der Mutter. Nach Erikson bildet das zwischenmenschliche Vertrauen die Grundlage für das später dann Gott entgegengebrachte Vertrauen. Man kann auch sagen, dass das Grundvertrauen immer schon über die menschlichen Möglichkeiten hinausgeht. Denn es handelt sich um ein unbedingtes Vertrauen.

In diesem Zusammenhang spielen Rituale von früh auf eine wichtige Rolle im Leben der Kinder, etwa beim Zu-Bett-Gehen oder auch beim Essen. Rituale, nicht zuletzt religiöse Rituale wie Lieder oder Gebete, geben dem Kind Sicherheit. Insofern haben auch sie mit der Vertrauensbildung zu tun.

Ab etwa dem vierten Lebensjahr: Ausformung bewusster Gottesbilder

In der ersten Lebenszeit gibt es für das Kind noch keine bewusste Unterscheidung zwischen seinen Eltern und Gott. In gewisser Weise erscheinen ihm die Eltern allmächtig, und es ist ganz auf ihre Zuwendung angewiesen. Ab dem vierten oder fünften Lebensjahr – ganz genau lässt sich das nicht angeben – unterscheiden Kinder dann immer deutlicher zwischen Gott und den Eltern. Gott wird im Leben des Kindes nun zu einer eigenen Größe. Deshalb kann jetzt, anders als in der frühen Kindheit, von einem bewussten Gottesbild oder einer bestimmten Gottesvorstellung gesprochen werden. Abzulesen ist dies zum Beispiel daran, dass Kinder ab dieser Zeit zumindest in manchen Fällen Gott malen. In das Gottesbild gehen aber noch viele Eigenschaften der Eltern ein – die Eltern sind also das Modell, an dem Kinder ihre Vorstellungen von Gott ausbilden.

Wie das oben wiedergegebene Bild eines vierjährigen Kindes illustriert, sind die Vorstellungen von Gott in diesem Alter stark fantasiebestimmt. Das wird nicht zuletzt in der ausdrucksstarken Farbgebung anschaulich. Darüber hinaus suchen die Kinder in diesem Alter nach Antworten auf ihre Fragen – zum Beispiel, wie es möglich ist, dass Gott allen Menschen zuhört. Zunehmend stellen sie Fragen danach, wie Gott eigentlich aussieht, wo er wohnt oder was er genau macht (»Schläft Gott manchmal auch?«).

Diese Kinderfragen sind Ausdruck des selbstständigen Nachdenkens von Kindern im religiösen Bereich. Die sogenannte Kindertheologie (→ Kapitel 7, S. 86) knüpft an diese Fragen, Einsichten und ersten Deutungsversuche der Kinder an, wie sie zum Beispiel im folgenden Bild zum Ausdruck kommen:

Gott wohnt bei uns Menschen auf der Erde. Er mag Äpfel und Birnen. Gott schaut böse, weil er traurig ist, weil der Mensch alles zerstört. Larissa, 4 Jahre

Dieses Bild verbindet mehrere Vorstellungen, die in diesem Alter besonders wichtig sind. Zum einen denkt Larissa darüber nach, wo Gott eigentlich wohnt. Larissas Antwort: »bei uns Menschen auf der Erde«. Für sie ist dies offenbar stimmig. Es ist ihr wichtig, dass Gott den Menschen nahe ist. Zum anderen hat Gott für sie aber auch mit dem richtigen Verhalten zu tun. Gott will nicht, dass die Menschen »alles zerstören« – und wenn sie es trotzdem tun, schaut er »böse« und ist »traurig«.

Wenn nun Fragen von Gut und Böse angesprochen werden, ist dies kein Zufall. Denn in diese Zeit fällt insgesamt auch die Ausbildung des Gewissens. Gebote und Verbote begegnen dem Kind dann nicht mehr nur von außen, sondern als eine innere Instanz. Diese Instanz lenkt das Kind auch dann, wenn keine anderen Menschen in der Nähe sind. Auf diese Weise wird das Kind selbstständig in seinem Handeln. (Die Herausbildung des kindlichen Gewissens ist allerdings ein vielschichtiges Thema, das nach einer weiterreichenden Beschäftigung verlangt, in pädagogischer ebenso wie in theologischer Hinsicht. Die Literaturhinweise am Ende dieses Kapitels können dazu genutzt werden.)

Früher – und leider auch manchmal noch heute – nutzten Eltern die Empfänglichkeit des Kindes für die Vorstellung, dass Gott das Verhalten der Menschen überwacht aus und sagten dem Kind: »Gott sieht alles, auch wenn ich es nicht sehen kann. Und Gottes Strafe kommt bestimmt!« In manchen Fällen wird dadurch die religiöse Entwicklung des Kindes gestört und es kommt zu Gottesbildern, unter denen Menschen ihr ganzes Leben lang zu leiden haben. Die Vorstellung eines strafenden Gottes, der alles sieht und alles bestraft, hat viel weniger mit der Bibel zu tun als mit einer Form von Erziehung, die heute glücklicherweise im Rückgang ist. Aus christlicher Sicht geht es um ein freies Gewissen: Gott leitet den Menschen, aber in freiheitlicher Weise und mit dem Ziel, die menschliche Freiheit zu stärken. Und bei Gott können Menschen Vergebung finden, wenn sie schuldig geworden sind.

Übergang ins Grundschulalter: Ausformung von Weltbildern

Gegen Ende der Kindergartenzeit oder in den ersten Grundschuljahren beginnen viele Kinder, ein ganzes Weltbild auszuformen. Dazu gehört dann natürlich die Erde, aber auch der Himmel über ihr. Viele Kinder sprechen davon, dass Gott in diesem Himmel wohnt.

Vor allem der Genfer Psychologe Jean Piaget hat die Untersuchung der Entwicklung des kindlichen Weltbildes angestoßen. Neuere Untersuchungen haben deutlich gemacht, dass zwischen dem Weltbild eines Kindes und seinen religiösen Vorstellungen ein enger Zusammenhang besteht.

Bilder wie das folgende von Hanna geben Einblick in diese Entwicklung:

Gott ist in den Wolke
Hanna, 7 Jahre

Hanna malt allerdings noch kein ganzes Weltbild. Ihr Bild zeigt nur einen Ausschnitt, eben Gott im Himmel.

Andere Kinder in diesem Alter versuchen hingegen zu malen, wie alles miteinander zusammenhängt: Gott *und* die Welt. Wie das folgende Bild von Nina zeigt, vermischen sich dabei unterschiedliche Darstellungsweisen – zum Teil auch aus der Naturwissenschaft – mit religiösen Vorstellungsbildern. Gott wohnt hier noch immer im Himmel, aber im Himmel sind jetzt nicht mehr nur Wolken zu sehen, sondern beispielsweise auch Planeten:

Gott schaut sich die Erde zusammen mit einem Engel an. Die Planeten sind zu sehen (Saturn und Pluto). Nina, 2. Klasse

Wie sich religiöse Vorstellungen – beispielsweise von Gott als Schöpfer der Welt – mit naturwissenschaftlichen Sichtweisen wie der Evolution verbinden lassen, wird im späteren Grundschulalter zu einem eigenen Problem.

Späteres Grundschulalter: Glaube und Naturwissenschaft

Je mehr das Weltbild von Kindern naturwissenschaftlich beeinflusst ist, desto schwerer fällt es ihnen, sich beispielsweise den Himmel als Gottes Wohnung vorzustellen. Aus dem Himmel ist für sie nun der Weltraum geworden. Wohnungen kann es dort nicht geben.

In vielen Fällen beginnt schon in der späten Kindheit die Entwicklung veränderter Gottesbilder. An den sprichwörtlichen »alten Mann mit Bart« glauben ältere Kinder und dann vor allem Jugendliche nicht mehr. Sie nähern sich dem Thema bewusst mit abstrakteren Bildentwürfen. Das folgende Bild einer Spirale kann unterschiedlich gedeutet werden: Hat Gott mit dem Zentrum des Bildes zu tun, von dem alles spiralförmig ausgeht? Steht die Spirale für eine besondere Kraft? – Nur Dennis selbst könnte diese Fragen beantworten.

Spirale.
Dennis, 10 Jahre

Mit der späten Kindheit ist nicht »das Ende« der religiösen Entwicklung erreicht, vielmehr geht die Entwicklung im Jugend- und Erwachsenenalter weiter; aber das soll hier nicht Thema sein.

Stattdessen wenden wir uns einer anderen Frage zu, die für die Arbeit in Kitas heute besonders wichtig ist: Was bedeutet die religiöse Entwicklung in interreligiöser Hinsicht?

Gottesbilder im interreligiösen Gespräch zwischen Kindern

Früher ging man davon aus, dass interreligiöse Fragen, also die Auseinandersetzung mit verschiedenen Religionen, besonders in der Zeit vor der Schule für Kinder noch keine Rolle spielen und auch keine Rolle spielen sollten. Solche Fragen, so glaubte man, seien zu komplex und zu schwierig für Kinder.

Inzwischen haben sich die Verhältnisse, unter denen Kinder in religiöser Hinsicht aufwachsen, allerdings grundlegend verändert. Heute ist es schon für Kinder im Kindergarten eine alltägliche Erfahrung, mit Kindern unterschiedlicher Religionszugehörigkeit zusammen zu sein. Dabei machen sie sich durchaus Gedanken darüber, wie verschiedene Glaubensweisen sich zueinander verhalten. Mitunter kann es sogar zu richtigen Streitgesprächen zwischen den Kindern kommen.

Auch zu den interreligiösen Wahrnehmungen von Kindern liegen aus unserer eigenen Untersuchung »Interkulturelle und interreligiöse Bildung in Kindertagesstätten« neue Forschungsergebnisse vor. Bei dieser Untersuchung wurden die Kinder in kleinen Gruppen befragt. Darüber hinaus wurden mit den Kindern auch Rollenspiele durchgeführt.

Das Rollenspiel konfrontierte die Kinder zum Beispiel mit der Entscheidung, ob sie das Gotteshaus einer anderen Religion besuchen wollen. Hier äußerte sich die Mehrheit der Kinder interessiert, andere aber auch zurückhaltend. Genauso reagierten die Kinder ganz verschieden auf die Konfrontation mit dem Tischritual der jeweils anderen Religion. Für manche Kinder ist es selbstverständlich, dass jeder das Tischgebet ausführt, das er möchte, und sie haben mit den Unterschieden keine Schwierigkeiten. Andere beharrten aber auch auf einer bestimmten Form des Tischritual und unterschieden zwischen »richtigem« und »falschem« Beten. In den Interviews mit den Kindern sind erfreulicherweise kaum explizit negative Äußerungen über die jeweils andere Gruppe zu finden. Dazu zwei Beispiele aus den Interviewgesprächen.[2]

Dieses Interview wurde mit Lily geführt, die evangelisch ist und eine städtische Kita besucht:

Interviewerin: Und wenn's jetzt Kinder gibt, die zum Beispiel sagen: ›Wir wollen kein Lied singen, wir wollen vor dem Essen die Hände falten und beten.‹ Was macht man dann? Und die anderen Kinder sagen aber: ›Wir wollen ein Lied singen.‹

Lily: Ach, dann beten die und die anderen singen. *(Wirkt dabei leicht genervt, in der Art »Wo ist da das Problem?«)*

Interviewerin: Okay, die einen beten; gleichzeitig oder nacheinander?

Lily: Nacheinander würd' ich sagen.

Interviewerin: Und sollen dann die anderen mitbeten oder sollen die nur zuhören?

Lily: Och … Man betet doch leise, oder?

Interviewerin: Aha. Das heißt, dann beten die leise und die anderen sind einfach still so lange.

Lily: Mhm.

Interviewerin: Und während die das Lied singen, was sollen die beiden machen? Sollen die mitsingen oder –

Lily: Die sind einfach still. Die sind so, wie die es beim Gebet machen.

[2] Aus Anke Edelbrock/Friedrich Schweitzer/Albert Biesinger (Hrsg.), Wie viele Götter sind im Himmel? Religiöse Differenzwahrnehmung im Kindesalter, Münster u. a. 2010, 32, 169.

Dieser Gesprächsausschnitt kann im Sinne von Offenheit und Toleranz gedeutet werden. Die Kinder plädieren für interreligiöse Toleranz. Es finden sich jedoch auch Beispiele, die eher ablehnende Haltungen spiegeln.

Im folgenden Gesprächsausschnitt geht es um die Frage nach der Bedeutung von Jesus. Ronja kommt aus einem christlichen Elternhaus, ihre Kameradin Arzu aus einem muslimischen:

Arzu:	Der Allah ist der Gott!
Interviewerin:	Das ist der gleiche? Ach so.
Arzu:	Ja.
Interviewerin:	Warum heißt der einmal so und einmal so?
Arzu:	Weil, die nur deutsch sind, nennen den nur Gott und wir nennen den ...
Ronja:	Jesus auch.
Arzu:	... wir nennen den ...
Ronja:	Nirgendwo [?].
Arzu:	... wir nennen den ... ähm, Allah und Gott. Beides.
Interviewerin:	Okay. Und dann ist der Allah im Himmel und Jesus ist auch im Himmel.
Beide:	Ja.
Interviewerin:	Dann sind die da zu zweit. Meint ihr, die kennen sich?
Arzu:	Aber ...
Interviewerin:	Der Allah und der Jesus?
Ronja:	Ja.
Arzu:	Aber der Jesus ist nicht oben beim Himmel.
Interviewerin:	Wo ist der denn sonst?
Arzu:	Weiß nicht. Meine Mama und mein Papa sagen, ihr glaubt das nur.
Ronja:	Doch, der ist im Himmel!
Arzu:	Gar nicht!
Ronja:	Doch.
Arzu:	Gar nicht.

Während Arzu die Frage nach Gott zunächst durch eine Übersetzung des Gottesnamens und die Identifikation des muslimischen mit dem christlichen Gott löst, kommt es zu einer Differenzierung, als Ronja Jesus ins Spiel bringt. Auf die Frage danach, wo Jesus heute ist, zieht Arzu die Aussage ihrer Eltern über den christlichen Auferstehungsglauben heran (»ihr glaubt das nur«), der Ronja widerspricht. Deutlich wird an dieser Passage auch, wie den Kindern am Ende die Argumente ausgehen. Selbstbehauptung (»Gar nicht!«) tritt an die Stelle von Begründungsversuchen. Hier wird sichtbar, dass Kinder auch bei interreligiösen Fragen pädagogische Unterstützung brauchen.

Insgesamt zeigen solche Beispiele, dass interreligiöse Bildung heute zu einer wichtigen Aufgabe in Kindergarten und Kita geworden ist. Im Blick auf die religiöse Entwicklung kann nicht mehr nur an die jeweils eigene Religion gedacht werden. Wie das Beispiel oben belegt, bilden Kinder auch Vorstellungen zu den Gottesbildern der anderen aus. Selbst wenn diese Vorstellungen nicht immer kritisch und ablehnend ausfallen müssen, ist doch deutlich, dass es hier leicht zu Spannungen und Vorurteilen kommen kann.

Für den Bereich der interreligiösen Bildung gilt mehr noch als für andere Bildungsbereiche: Kinder lernen durch Nachahmung (was im Übrigen auch auf Jugendliche und Erwachsene zutrifft). Modelle gelungener Kommunikation werden von Kindern ebenso nachgeahmt wie Modelle von destruktiver und aggressiver Kommunikation. Daher ist die Haltung der Erzieherin in diesem Kontext besonders bedeutsam: Wie würdigt sie andere Religionen? Wie geht sie beispielsweise mit den Gebetshaltungen der verschiedenen Religionen um? Intensive Lernerfahrungen – durch Nachahmung – eröffnen sich in diesem Bereich. Will man problematische Verhaltensweisen von Kindern verändern, dann ist der Weg über das Nachahmungslernen sowohl in der Familie als auch in der Kita-Gruppe sehr effektiv.

Die eigenen Kompetenzen erproben und einüben

► Welche Themen schlagen Sie für einen Elternabend zu Fragen der religiösen Erziehung vor?

► Wie können Kinder im Umgang mit religiösen Unterschieden unterstützt werden?

► Was bedeutet es, wenn Kinder davon sprechen, dass Gott die Menschen straft? Und wie kann darauf reagiert werden?

Zum Weiterlesen

Albert Biesinger, Kinder nicht um Gott betrügen, Freiburg 2012.
Friedrich Schweitzer, Lebensgeschichte und Religion, Gütersloh [7]2010.
Friedrich Schweitzer, Das Recht des Kindes auf Religion, Gütersloh [2]2005.
Anke Edelbrock / Friedrich Schweitzer / Albert Biesinger (Hrsg.), Wie viele Götter sind im Himmel? Religiöse Differenzwahrnehmung im Kindesalter, Münster 2010.

4.

Warum tut Religion Kindern gut?

Selbstwerdung und Resilienz

In der Vergangenheit erschien die Frage, was Kinder durch religiöse Bildung und Begleitung gewinnen, vielfach überflüssig. Es war einfach selbstverständlich, dass Kinder religiös erzogen werden. Heute soll das Kind mit seinen Entwicklungsbedürfnissen und Entwicklungsmöglichkeiten im Vordergrund stehen. Deshalb muss gefragt werden, was Kinder brauchen, damit sie sich in gesunder und für sie selbst gewinnbringender Weise entwickeln können. Nicht nur in kommunalen, sondern auch in kirchlichen Einrichtungen genügt es deshalb beispielsweise nicht, im Blick auf religiöse Bildung und Begleitung auf den Anspruch und die Erwartungen der Kirche oder anderer Träger hinzuweisen. Denn auch hier fragen etwa Eltern, ob das auch gut für ihr Kind sei.

In diesem Kapitel soll es aber nicht an erster Stelle um kritische Elternfragen oder um den Umgang damit gehen (→ Kapitel 9, S. 98), sondern um die eigene Vergewisserung von Erzieherinnen hinsichtlich der religionspädagogischen Praxis. Im Zentrum soll die Frage stehen, wie Kinder tatsächlich etwas für sich selbst gewinnen können, wenn ihnen religiöse Bildungsmöglichkeiten und religiöse Begleitung eröffnet werden.

Dabei geht es nicht nur um ein Begründungsproblem, sondern um eine praktische Gestaltungsaufgabe: Wie muss religiöse Begleitung aussehen, damit sie Kindern wirklich guttut, sie in ihrer Selbstwerdung unterstützt und ihre Resilienz stärkt?

Aufgabe

Formulieren Sie fünf Kriterien, die erfüllt sein müssen, damit religiöse Begleitung im Kindergarten Kindern guttut!

Grundinformationen

Kinder haben religiöse Bedürfnisse – Religion und Selbstwerdung

Religion und religiöse Fragen müssen an Kinder nicht erst von außen herangetragen werden – das ist bereits beim Thema religiöse Entwicklung deutlich geworden (→ Kapitel 3, S. 28). Von früh auf machen Kinder Erfahrungen, die auf Gott oder auf eine transzendente Dimension verweisen. Ihre Hoffnungen und Ängste, ihre Suche nach Schutz und Geborgenheit, der Wunsch nach Anerkennung – all dies betrifft die zwischenmenschliche Dimension, etwa im Blick auf die Eltern und später auch die Erzieherinnen. Zugleich gehen die damit verbundenen Bedürfnisse weit über alle menschlichen Möglichkeiten hinaus. Gerade wer mit kleinen Kindern zu tun hat, weiß um die Grenzen der menschlichen Möglichkeiten. Auch die in den Augen der Kinder vielleicht allmächtigen Erwachsenen sind nicht in der Lage, Kinder letztlich vor allem Schlechten zu bewahren. Insofern tritt hier ganz deutlich vor Augen, dass die Frage nach einer höheren Instanz schon in den Lebenserfahrungen des Kindes angelegt ist.

Religiöse Bildung und Begleitung bietet dann die Möglichkeit, Gott auch bewusst zu begegnen. Sie eröffnet den Zugang zu einer wichtigen Dimension des kindlichen Lebens. Wenn die Kinder etwas älter sind, machen sie sich dies selbst deutlich, etwa mit ihren »großen Fragen«. Fünf solche Fragen, die im Aufwachsen von Kindern fast unvermeidlich aufbrechen, sind dabei im Blick auf Religion besonders bedeutsam (→ vgl. auch »Große Kinderfragen«, S. 12 f.):[1]

▶ *Die Frage nach Tod und Sterben*: Diese Frage begegnet den Kindern ganz unausweichlich, auch dann, wenn Eltern oder Erzieherinnen sie davor bewahren wollen. Der tote Vogel auf dem Weg in den Kindergarten, die Nachricht vom Tod eines Verwandten, auch die Angst, dass Mutter oder Vater sterben könnten – solche Anlässe bringen Kinder unvermeidlich ins Nachdenken. Deshalb wollen sie auch wissen, wohin die Toten gehen, ob die Toten im Himmel sind und ob man dort den Verstorbenen wieder begegnen kann.

▶ *Die Frage nach Gott*: Zumindest in Deutschland begegnen Kinder vielfach dem Wort »Gott« oder Darstellungen, die auf Gott verweisen. Sie wollen dann wissen, wer oder was Gott ist, was Gott macht, wo er wohnt, ob er die Menschen beschützt, ob er Gebete hören kann und ob er Bitten erfüllt.

▶ *Die Frage nach mir selbst und meiner Identität*: Selbstwerdung und Identität gehören zu den grundlegenden Entwicklungsaufgaben im Kindesalter. Sie vollziehen sich vor allem im zwischenmenschlichen Bereich. Kinder sind für ihre Selbstwerdung auf die Unterstützung und Anerkennung durch andere angewiesen. Zugleich können Kinder nur dann wirklich selbstständige, eigene Persönlichkeiten werden, wenn sie nicht einfach von den Erwachsenen in ihrer Umwelt abhängig sind. Das kindliche Selbst wäre sonst nichts anderes als das Produkt der Erziehung. Der Bezug auf die transzendente Dimension und auf Gott, bei dem die Kinder eine Anerkennung finden können, die über die aller Erwachsenen um sie herum noch einmal hinausgeht, ist deshalb für die kindliche Autonomieentwicklung von enormer Bedeutung. Erik H. Erikson spricht davon, dass die kindliche Selbstwerdung eine höhere Instanz braucht – als ein Gegenüber, das dem Kind eine Anerkennung geben kann, die über alle zwischenmenschlichen Möglichkeiten noch einmal hinausgeht.

▶ *Die Frage nach richtigem Handeln und Verhalten*: Kinder müssen lernen, sich im sozialen Raum zu bewegen und sich dabei an gemeinsamen Normen und Werten zu orientieren. Dabei fällt es auch den Erwachsenen nicht immer leicht, den Kindern zu erklären, warum es beispielsweise wichtig ist, gerecht zu sein, schließlich geht es in der Welt alles andere als gerecht zu. Der Hinweis: »Du willst ja auch, dass andere dich gerecht behandeln!«, reicht deshalb als Begründung nicht aus. Denn was ist, wenn das Kind bemerkt, dass die anderen es eben nicht fair behandeln? Auch für die Wer-

---

[1] Nach Friedrich Schweitzer, Das Recht des Kindes auf Religion, Gütersloh ²2005.

tebildung ist es deshalb eine wichtige Hilfe, wenn Kinder von Gott als höherer Instanz wissen und wenn sie in der Welt eine von Gott gewollte gute Ordnung wahrnehmen können. Mit dem christlichen Schöpfungsglauben eröffnet sich Kindern eine solche Sicht der Welt.

▶ *Die Frage nach dem Gott der anderen*: Die allermeisten Kinder begegnen heute im Kindergarten Kindern mit einer anderen Religionszugehörigkeit oder auch ohne Konfessions- und Religionszugehörigkeit. Sie erfahren, dass manche Kinder an »Gott« glauben, während andere von »Allah« oder auch gar nicht von Gott sprechen. Daraus ergeben sich Orientierungsfragen für die Kinder, und manchmal kommt es auch zu Auseinandersetzungen (»Mein Gott ist besser!«).

Kinder haben ein Recht darauf, mit solchen Fragen nicht einfach alleingelassen zu werden. Diese Fragen können natürlich eine innerweltliche Antwort finden, aber gerade für Kinder geht es vielfach um mehr: Sie wollen nicht nur hören, dass die Toten in einen Sarg gebettet und dann begraben werden – wobei auch ein solches Sachwissen für sie wichtig ist. Sie wollen darüber hinaus wissen, was mit den Toten geschieht, ob es ein Leben nach dem Tod gibt und wo die Toten hingehen.

Die Kinderrechtskonvention der Vereinten Nationen von 1989, das bislang wichtigste Dokument zu Kinderrechten überhaupt, spricht in Artikel 27 davon, dass Kinder ein Recht auf Unterstützung in ihrer physischen, psychischen und geistigen Entwicklung haben. Dem englischen und französischen Originaltext zufolge geht es bei der »geistigen« Entwicklung eigentlich um die *spirituelle* Entwicklung des Kindes. Kinder haben ein *Recht auf Religion und religiöse Begleitung*! In der Religionspädagogik wird dies auch so ausgedrückt, dass die Seele des Kindes genauso Nahrung braucht wie sein Körper. Zugespitzt geht es darum, »Kinder nicht um Gott zu betrügen«[2].

UN-Kinderrechtskonvention

Die UN-Kinderrechtskonvention wurde am 20. November 1989 von der Vollversammlung der Vereinten Nationen verabschiedet. Die Staaten, die die Konvention unterzeichnen, verpflichten sich, positive Rahmenbedingungen für die Entwicklung von Kindern und Jugendlichen zu schaffen. Das Vertragswerk ist somit ein Zeichen der Achtung und Verantwortung der internationalen Staatengemeinschaft gegenüber Kindern in aller Welt. In Deutschland trat die Konvention am 5. April 1992 in Kraft. Mit Blick auf die religiöse Bildung sind vor allem zwei Artikel von Interesse:

---

2 Albert Biesinger, Kinder nicht um Gott betrügen, Freiburg 2012.

Artikel 14 [Gedanken-, Gewissens- und Religionsfreiheit]

(1) Die Vertragsstaaten achten das Recht des Kindes auf Gedanken-, Gewissens- und Religionsfreiheit.

Artikel 27 [Angemessene Lebensbedingungen; Unterhalt]

(1) Die Vertragsstaaten erkennen das Recht jedes Kindes auf einen seiner körperlichen, geistigen, seelischen, sittlichen und sozialen Entwicklung angemessenen Lebensstandards an.

Hier ein Blick in den englischen Originaltext, der sich anders als die deutsche Übersetzung nicht nur auf die geistig-seelische, sondern auf die spirituelle Entwicklung bezieht: »States Parties recognize the right of every child to a standard of living adequate for the child's physical, mental, *spiritual,* moral and social development.«

Was gewinnen Kinder also von Religion und religiöser Begleitung? Sie gewinnen Zugang zu tieferen Quellen ihres Lebens und Aufwachsens und erfahren eine bedingungslose Anerkennung, Schutz und Geborgenheit. Sie erhalten Möglichkeiten, Gefühle und Erfahrungen zum Ausdruck zu bringen, die über den Alltag hinausweisen. Dazu brauchen sie nicht zuletzt auch eine besondere Sprache, die zum religiösen Ausdruck und zur Kommunikation über religiöse Themen geeignet ist. Deshalb ist es berechtigt, dass religiöse Begleitung heute auch in den Orientierungs- und Bildungsplänen für den Elementarbereich ausgewiesen wird (→ Kapitel 2, S. 18).

Der Beitrag religiöser Begleitung zur Resilienz

In den letzten Jahren hat das Thema Resilienz immer mehr an Bedeutung gewonnen. Ausgangspunkt ist die aus der psychologischen Forschung stammende Beobachtung, dass es erhebliche Unterschiede in der Art und Weise gibt, wie Kinder mit belastenden Lebenssituationen und Lebenslagen umgehen. Nicht alle Kinder aus mehrfach belasteten Familien – etwa durch Beziehungsprobleme, häusliche Gewalt, Alkoholismus, Kriminalität usw. – erleben diese Belastungen in gleicher Intensität. Einige Kinder schaffen es trotz widrigster Ausgangsbedingungen dennoch ein erfolgreiches Leben zu führen; anderen gelingt dies wiederum nicht. Offenbar gibt es Unterschiede bei der sogenannten Verletzlichkeit von Kindern (Vulnerabilität). In psychologischer und pädagogischer Hinsicht ist deshalb die Frage bedeutsam, wie Kinder in ihrer Resilienz, also in ihrer Fähigkeit, auch mit widrigen Umständen zurechtzukommen, gestärkt werden können.

Resilienz

Der Fachbegriff Resilienz stammt aus dem Lateinischen: »resilire« bedeutet ›zurück-springen‹ oder ›abprallen‹ und kann mit Widerstandsfähigkeit übersetzt werden. Resilienz steht für die Fähigkeit einer Person, auch mit widrigen Umständen und Krisen umzugehen. Je stärker die Resilienz bei einem Menschen ausgeprägt ist, desto eher übersteht er Krisen und schwierige Momente, an denen andere scheitern. Religion, so die These vieler Resilienzforscher, ist ein wichtiger Resilienzfaktor, eine bedeutende, stärkende Ressource, weil der Glaube auch in schwierigen Zeiten Vertrauen und Orientierung schenken kann und weil das Wissen um die Geborgenheit in Gott in Krisensituationen hilft.

In empirischen Untersuchungen wird versucht, Faktoren zu identifizieren, von denen die Resilienz abhängig ist. Im vorliegenden Zusammenhang bemerkenswert ist, dass offenbar auch Religion zu den Faktoren zählt, die das Kind stärken. Die amerikanische Psychologin Emmy E. Werner beschreibt dies folgendermaßen: »Eine religiöse Überzeugung ist ebenfalls ein Schutzfaktor im Leben von Risikokindern. Sie gibt den widerstandsfähigen Jungen und Mädchen Stabilität, das Gefühl, dass ihr Leben Sinn und Bedeutung hat, und den Glauben, dass sich trotz Not und Schmerzen die Dinge am Ende richten werden.«[3]

Das wird auch in der deutschen Diskussion zur Resilienz inzwischen weithin anerkannt. Resilienz wird dort gestärkt, wo Kinder eine sichere Basis haben und sich zugehörig fühlen. Eine große Rolle spielt die Erfahrung persönlicher Wertschätzung und die Anerkennung durch andere.

Solche psychologischen Erkenntnisse lassen sich in eine religionspädagogische Sichtweise übertragen, auch wenn die Ergebnisse der Resilienzforschung in der Religionspädagogik bislang noch nicht ausreichend aufgenommen worden sind. Zwei Aspekte erscheinen hier jedoch besonders wichtig: die Bedeutung von Symbolen und die Frage einer religiösen Hoffnungsperspektive.

Religiöse Symbole und Resilienz

Auch wenn der Zusammenhang zwischen religiösen Symbolen und der Entwicklung von Resilienz noch zu wenig untersucht ist, kann ein solcher Zusammenhang zumindest in folgender Hinsicht plausibel sein:

---

[3] Emmy E. Werner, Entwicklung zwischen Risiko und Resilienz, in: Günther Opp / Michael Fingerle (Hrsg.), Was Kinder stärkt: Erziehung zwischen Risiko und Resilienz, München ²2007, 20–31, 24.

Religiöse Symbole und Bilder

▸ tragen zur Auseinandersetzung mit Grundkonflikten und Grundambivalenzen des Lebens bei, indem sie diese tragbar und ein Stück weit bearbeitbar machen,

▸ unterstützen die Ausbildung von Hoffnung und Lebenszuversicht auch angesichts schwieriger Lebenserfahrungen,

▸ können als verdichtete Darstellungen von Trost und Geborgenheit die Persönlichkeitsentwicklung unterstützen – nicht nur als äußere Bilder, sondern auch als innere Vorstellung (Zusammenhang von Wort und Bild),

▸ geben Grunderfahrungen zwischen Angst und Hoffnung, Zuversicht und Verzweiflung eine Sprache und helfen dem Kind, elementare Gefühle und Erlebnisse zum Ausdruck zu bringen.

Allerdings sind religiöse Bilder und Symbole keineswegs immer positiv, sondern können auch eine negativ-einschränkende Wirkung auf die kindliche Entwicklung ausüben. Dies gilt nicht zuletzt für einseitige Gottesbilder. Religiöse Symbole und Bilder bedürfen deshalb der religionspädagogischen Begleitung, bei der es in diesem Falle auf eine Korrektur der für das Kind schädlichen Vorstellungen ankommt.

Fantasie, Vertrauen und Hoffnung als Grundlagen von Bildung und Resilienz

Für das heutige Verständnis von Bildung in der Kindheit sind vor allem vier Perspektiven maßgeblich, die bei genauerer Betrachtung stets den Zusammenhang zwischen religiöser Bildung und Resilienz berühren. Wir beschreiben sie deshalb gleich aus religionspädagogischer Perspektive:

(1) Wirklichkeit konstruieren und entdecken setzt Vertrauen und Hoffnung voraus: Wenn Kinder sich bilden, indem sie die Welt entdecken und mit ihren Wahrnehmungs- und Verstehensweisen ein Weltbild konstruieren, setzt dies eine positive Weltzugewandtheit voraus. Kinder, die sich ängstlich verkriechen und die sich nur in sich selber zurückziehen, werden die Welt nicht entdecken. Nur ein Kind, das Vertrauen in die Menschen und Dinge um es herum besitzt, kann sich darauf einlassen, ihnen wirklich zu begegnen. Dies ist die bleibende Wahrheit des Begriffs »Grundvertrauen«, wie ihn Erik H. Erikson schon vor Jahrzehnten geprägt hat. Erikson spricht davon, dass Vertrauen immer auf Hoffnung beruht – auf der Hoffnung, dass ich anderen wirklich vertrauen kann und dass die Welt am Ende mir nicht bloß feindlich und trügerisch begegnet. Ob aber die Welt am Ende wirklich gut ist, ist keine psychologische Frage mehr, sondern eine Frage des Glaubens. So führen die Konstruktion und das Entdecken von Wirklichkeit zur Frage nach einer religiösen Erziehung, die Vertrauen und Hoffnung ins Zentrum stellt und unterstützt.

(2) Bildung, die im Medium der Anerkennung durch andere geschehen soll, verweist letztlich auf die Anerkennung durch Gott: Dass Kinder auf die Anerkennung und die positive Zuwendung von anderen angewiesen sind, ist bekannt. Das kindliche Ich, das als Akteur die Konstruktion von Wirklichkeit als Bildung tragen soll, kann sich ohne eine solche Anerkennung nicht entwickeln. Vielfach wird dies als ein rein psychologischer Vorgang aufgefasst, was im Alltag auch weithin ausreicht. Bei weiterem Nachdenken über unser Tun als Erzieherinnen und Erzieher stoßen wir aber rasch auf die Frage, wie weit die Macht unserer zwischenmenschlichen Anerkennung eigentlich reicht und wie weit sie reichen darf: Wenn das kindliche Ich nur von der Anerkennung der Erwachsenen abhängig wäre, dann wäre es auch das Produkt dieser Erwachsenen, die damit ganz über das kindliche Ich verfügen. Das kann letztlich zu einer Haltung des Machens führen, die nicht ungefährlich ist, weil sie Allmachtsvorstellungen in der Erziehung unterstützt. Dagegen verweist eine religiöse Bildung im Namen der Freiheit des Kindes auf die Notwendigkeit einer transzendenten, also von Gott ausgehenden Anerkennung, über die auch die Erwachsenen nicht einfach verfügen. Eine solche Anerkennung kommt in der Sicht des christlichen Glaubens von Gott, auf den sich das Kind auch gegen die Erwachsenen berufen und beziehen kann.

(3) Das kindliche Selbst, das sich durch Fantasie und Selbstentwürfe bilden soll, braucht Geschichten. Insbesondere die Arbeiten des deutschen Bildungsforschers Gerd E. Schäfer haben neu bewusst gemacht, dass die Identitätsbildung im Kindesalter in hohem Maße auf die Eigenaktivität des Kindes zurückgeht: Das Kind ist demnach Konstrukteur seiner eigenen Identität. Das Kind entwickelt Bilder seiner selbst und vor allem Wünsche, Vorstellungen und Entwürfe davon, was es sein möchte. Zu wenig gesehen wird dabei allerdings noch, dass die Fantasie des Kindes, so wichtig sie tatsächlich ist, dabei nicht ohne Anregung und Material von außen bleiben kann. Geschichten, die dem Kind erzählt werden, geben ihm solche Anregungen an die Hand. Sie sollen das Kind nicht auf eine bestimmte Identität festlegen, sondern sollen es dazu ermutigen und ermuntern, sich mit ihrer Hilfe selber zu entwerfen. Im freien Rollenspiel der Kinder wird unmittelbar deutlich, wie sie mit ganz verschiedenen Identitäten experimentieren (»Jetzt wäre ich ein Hund ...«, »Jetzt wäre ich die Mutter ...«, »Und du wärst jetzt tot ...«). Biblische Geschichten, die zugleich Hoffnungsgeschichten sind, bieten sich hier geradezu an.

(4) Resilienz braucht Trost und Hoffnung: Resilienz in belastenden Situationen weist eine besondere Nähe zu Glaube und Hoffnung auf. Belastungen aller Art, aber auch etwa lebensbedrohliche Krankheiten, Sterben, Tod und der Verlust von geliebten Menschen stellen die Widerstandskraft der Kinder oft auf eine schwere Probe. Häufig führen sie direkt zu religiösen Fragen. Auf jeden Fall aber führen sie uns vor Augen, dass die Lebenskraft und der Lebensmut von Kindern noch andere Grundlagen brauchen als Ich-Stärke und Bewältigungsfähigkeit. Sie brauchen Quellen des Trostes und der Hoffnung, wie sie besonders die religiöse Erziehung zu finden hilft.

Rückfrage: Tut Religion Kindern immer gut?

Leider kann nicht davon ausgegangen werden, dass religiöse Erziehung Kindern in allen Fällen guttut. Viele Jugendliche und Erwachsene haben im Blick auf ihre eigene Kindheit ihre religiöse Bildung in der Familie, im Kindergarten, in der Schule oder in der Kirchengemeinde nicht nur als förderlich erlebt. Die Zeiten, in denen angstmachende Gottesbilder vermittelt wurden, sind in den beiden großen christlichen Kirchen allerdings bis auf wenige Ausnahmen vorbei.

Im christlichen Gottesbild wird Gott als Liebe und Heilung, als Hoffnung und Überwindung des Todes verstanden. Dies kann Einfluss nehmen auf die Persönlichkeitsentwicklung von Kindern. Dabei ist die Qualität der Kommunikation ausschlaggebend: Welche Sinnorientierung erschließen wir in der religiösen Bildung? Was geschieht mit Blick auf Welt und Umwelt, mit Blick auf die eigene Existenz? Es ist ein deutlicher Unterschied, ob Kinder lernen, ihr Leben auf die Ebene mit Gott hin zu öffnen – oder ob sie für diese Dimension nicht sensibilisiert werden.

Kinder, die vertrauensvoll lernen, zu Gott zu beten, ihre Alltagsprobleme, Sorgen und Nöte mit Gott zu besprechen, aber ihm auch für schöne Erfahrungen und Erlebnisse zu danken, erschließen eine andere Qualität von Wirklichkeitsdeutung als Kinder, denen diese Ebene verschlossen bleibt.

Wenn man Kinder als suchende, sich ihre Wirklichkeit Schritt für Schritt erschließende Menschen versteht, dann geht es vor allem darum, sie in ihrem Suchprozess zu unterstützen, ihnen Lernanregungen zu geben und ihnen Kommunikationsräume zu eröffnen.

Es ist notwendig, eine spezifische religionspädagogische Qualität anzustreben, wenn man möchte, dass Religion Kindern guttut: Es geht zunächst darum, die Kinder auf der Ebene ihrer Wahrnehmungsmöglichkeiten, mit ihrer Neugierde und ihren ganz offenen Denkmöglichkeiten zu würdigen – und auf dieser Basis die weiteren Schritte der Kinder zu begleiten. Kinder nehmen Denkanstöße gerne auf, setzen sich bereitwillig mit neuen Gedanken auseinander, wenn sie sich in ihrem Suchen ernst genommen fühlen.

Dann können auch negative Erfahrungen wie Verlassenheit, fehlende Geborgenheit und Zerrissenheit mit Geschichten und Bildern aus der Bibel in Verbindung gebracht werden. Schließlich geht es um eine Grundstruktur menschlicher Lebensmöglichkeiten und um die göttliche Zusage der biblischen Geschichten, die Mut machen und Identifikationsmöglichkeiten bieten.

So ist die Geschichte des Zöllners Zächaus, der ein kleiner Mensch war und deswegen auf einen Baum klettern musste, um Jesus aufzufallen, gerade bei jüngeren Kindern besonders beliebt. Wenn sie sich mit Zachäus identifizieren, so erleben sie ganz intensiv die Botschaft: Wenn es dir nicht gutgeht, wenn die anderen dich nicht mögen, dann kannst du trotzdem sicher sein:

▸ Jesus mag dich.
▸ Bei Jesus sitzt du mit am Tisch und bei ihm bist du richtig.
▸ Jesus gibt jedem eine Chance – auch eine zweite.

Ebenso hilfreich ist die Geschichte vom verlorenen Sohn. Die Botschaft der Bibel, dass uns Gott immer nahe ist, dass uns Gott in allen Lebenslagen beisteht und uns verzeiht, wenn wir zur Umkehr bereit sind, ist ebenso Hoffnung machend und persönlichkeitsstärkend.

Auch Fragen wie »Warum müssen wir sterben?« oder »Wohin gehen die Menschen, die tot sind?« können nicht ohne religiöse Vorstellungen kompetent beantwortet werden. Es ist aber eine mutmachende Botschaft, wenn ein Kind daran glauben kann, dass Menschen, die gestorben sind, bei Gott weiter leben – wie auch immer ein Kind sich dies dann vorstellt: als leuchtender Stern am Himmel, als Engel ... Der Glaube an ein Leben über den Tod hinaus ist schließlich Kernbotschaft von Judentum, Christentum und Islam. Und damit ist auch die interreligiöse Bedeutung dieser grundlegenden Themen unterstrichen.

Zur Bedeutung religiöser Begleitung in einer multireligiösen Gesellschaft

Die zunehmend multireligiöse Situation in unserer Gesellschaft macht religiöse Erziehung zuglcich schwieriger und wichtiger. Kinder begegnen der religiösen Pluralität schon früh. Etwa zwei Drittel der Bevölkerung in Deutschland gehören einer der beiden großen christlichen Kirchen an, wobei die Kirchenmitgliedschaft in Westdeutschland weit höher ist als in Ostdeutschland. Mit mehr als vier Millionen Angehörigen spielt der Islam in Deutschland ebenfalls eine große Rolle. Vor allem in Ostdeutschland, aber zum Teil auch in Westdeutschland ist darüber hinaus die Zahl von Menschen ohne Religions- oder Konfessionszugehörigkeit sehr hoch.

Im Jahre 2011 wurden erstmals repräsentative Angaben zur Religionszugehörigkeit der Kinder in deutschen Kindergärten veröffentlicht. Abbildung 1 auf der folgenden Seite beruht auf den Schätzungen der Erzieherinnen.

Demnach entspricht die Religionszugehörigkeit der Kinder in Kindergärten in etwa der religiösen Zusammensetzung der Gesamtbevölkerung, was nicht sonderlich überrascht, da für die Religiosität der Kinder meistens die Eltern entscheidend sind.

Interessant sind auch folgende Befunde aus dieser Befragung: 84 % der befragten Erzieherinnen gaben an, dass es in ihrer Gruppe Kinder mit Migrationshintergrund gibt. Im Blick auf verschiedene Religionszugehörigkeiten sind es 77 %. Mehr als drei Viertel der Befragten haben in ihrem Alltag in den Einrichtungen also mit Kindern zu tun, die einen nicht-christlichen Hintergrund bzw. eine nicht-christliche religiöse Prägung aufweisen.

Dass sich die religiösen Prägungen auch im Alltag der Einrichtungen niederschlagen, ist beispielsweise an den Angaben zu Ernährungsfragen abzulesen. 58 % der Erzieherinnen berichteten, dass Kinder in ihrer Gruppe aus religiösen Gründen bestimmte Lebensmittel nicht zu sich nehmen dürfen. Den Kindern würden auch die Gründe dafür erklärt.

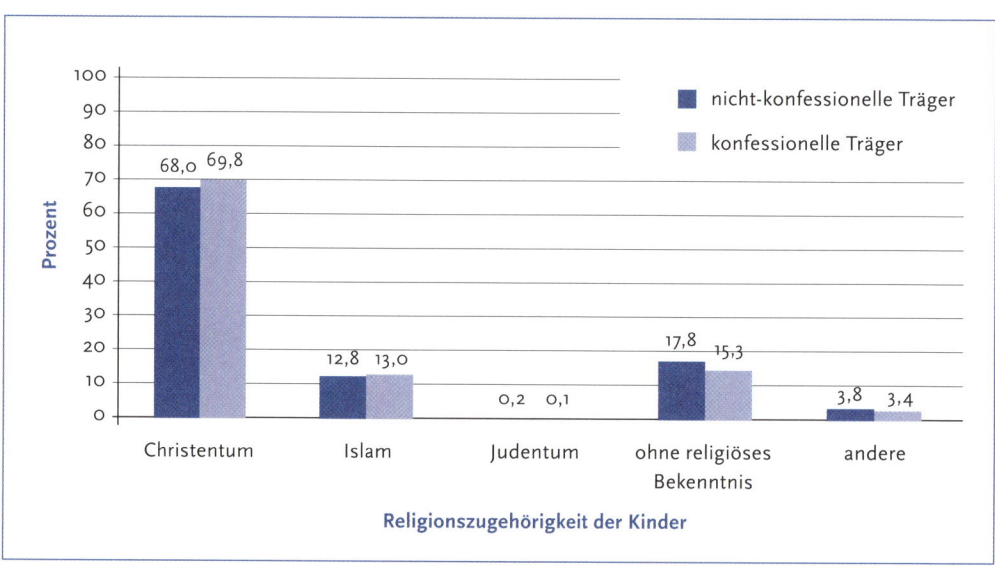

Religionszugehörigkeit der Kinder in den befragten Einrichtungen nach Schätzung der Erzieherinnen, aus: Friedrich Schweitzer / Anke Edelbrock / Albert Biesinger (Hrsg.), Interreligiöse und interkulturelle Bildung in der Kita, Münster 2011, 37.

Die multireligiöse Situation erzeugt offenbar zugleich Unsicherheit und bringt neue Herausforderungen mit sich. Das gilt bereits mit Blick auf die religiöse Begleitung christlicher Kinder. Besonders in nicht-konfessionellen Einrichtungen wird eine solche Begleitung nicht gewährleistet. In diesem Falle werden dann auch christliche Feste zwar gefeiert, aber mitunter ohne religiösen Bezug. Aus der Weihnachtsfeier wird dann eine laizistisch anmutende »Feier zum Jahresende«. Daran ist abzulesen, dass sich noch nicht alle Träger darüber klargeworden sind, dass vom Kind her begründete religionspädagogische Aufgaben auch unabhängig von der Trägerschaft einer Einrichtung wahrgenommen werden müssen.

Interessant ist hier das Verhältnis zwischen *interreligiösem* und *interkulturellem* Lernen. Manchmal wird ja angenommen, dass interreligiöse Aspekte von einer interkulturellen Bildung mit abgedeckt werden. Den Auskünften der Erzieherinnen zufolge ist dies in der Praxis aber nicht der Fall. Die Praxis interkultureller Arbeit reicht viel weiter als die im interreligiösen Bereich. Dies lässt sich so zuspitzen, dass besonders bei interreligiöser Bildung ein enormer Nachholbedarf besteht.

Da die Entwicklung der Bevölkerung erwarten lässt, dass der Anteil nicht-christlicher Kinder in den Einrichtungen in den nächsten Jahren noch einmal deutlich zunehmen wird, stellt die Aufgabe interreligiöser Bildung eine zentrale Herausforderung für die Einrichtungen dar. Was das im Einzelnen bedeutet, muss im Folgenden noch genauer erläutert werden.

Mit Blick auf Resilienz bedeutet interkulturelle und interreligiöse Bildung in der Kita, Kinder auf ein Leben in der multikulturellen und multireligiösen Gesellschaft des 21.

Jahrhunderts vorzubereiten. Wenn Kinder von früh auf zu Toleranz und Akzeptanz anderer Lebensentwürfe und Religionen angeleitet werden, entstehen womöglich keine Vorurteile – oder diese werden abgebaut. Das Andere wird nicht als fremde Bedrohung wahrgenommen, sondern als Teil des Alltags, was die Resilienz stärkt und so in Krisensituationen womöglich helfen kann.

Die eigenen Kompetenzen erproben und einüben

▶ Zu Beginn dieses Kapitels sollte eine Liste mit fünf Kriterien erstellt werden, die erfüllt sein müssen, damit religiöse Begleitung im Kindergarten Kindern guttut. Gehen Sie nach Bearbeitung dieses Kapitels zurück zu dieser Auflistung: Welche Kriterien kommen neu hinzu, welche können wegfallen? Welche Kriterien müssen neu beschrieben werden?

▶ Inwiefern ist religiöse Begleitung in einer multireligiösen Situation besonders wichtig?

▶ Bereiten Sie für eine Teamsitzung vor: An welchen Stellen im Wochenplan werden die Kriterien für religiöse Begleitung als Unterstützung von Resilienz besonders aufgenommen?

Zum Weiterlesen

Resilienz – Kinder stärken, Theorie und Praxis der Sozialpädagogik, Nr. 5/04.
Günther Opp / Michael Fingerle (Hrsg.), Was Kinder stärkt: Erziehung zwischen Risiko und Resilienz, München ²2007.
Albert Biesinger, Kinder nicht um Gott betrügen, Freiburg 2012.
Friedrich Schweitzer, Das Recht des Kindes auf Religion, Gütersloh ²2005.

5.

Religiöse Erziehung in
multireligiösen Einrichtungen?

Religionspädagogische Orientierung
in der Vielfalt gewinnen

Religiöse Erziehung in der Kita bedeutet heute zugleich auch interreligiöse Bildung. Deutschland ist ein Einwanderungsland mit religiöser Vielfalt, was sich im Kita-Alltag widerspiegelt: 77 % der Erzieherinnen in Deutschland geben an, dass sich in ihrer Kindergruppe Kinder mit verschiedenen Religionszugehörigkeiten befinden. 58 % der Erzieherinnen berichten, dass Kinder in ihrer Einrichtung aus religiösen Gründen bestimmte Lebensmittel nicht essen dürfen. Interreligiöse und interkulturelle Fragen sind bereits Teil des Kita-Alltags. Nimmt man die Lebenswelt der Kinder ernst, gilt es, die interreligiöse Komponente der religiösen Erziehung nicht zu vernachlässigen. Allerdings stellt sich die Frage nach Kriterien für diese herausfordernde Dimension der religiösen Erziehung.

Um sich in einer multireligiösen Gesellschaft orientieren zu können, ist es für Kinder weder ausreichend, lediglich mit der eigenen Konfession in Berührung zu kommen, noch führt es weiter, religiöse Inhalte zugunsten einer säkularen Identität bewusst auszuklammern. Für religionspädagogisches Denken und Handeln ist folglich eine doppelte Lernaufgabe zu realisieren: Die Orientierung in den religiösen Vorstellungen, die dem Kind bereits über seine Herkunftsfamilie zugänglich sind, und die Wahrnehmung und Verarbeitung der Eindrücke von Kindern im Blick auf andere religiöse Wege. Dazu gehören auch nicht-religiöse Vorstellungen, schließlich glauben nicht alle Kinder und Eltern an Gott.

Aufgabe

1. Beispiel:

Eine Kita-Leiterin berichtet von Sultan, einem Kind mit Down-Syndrom, das in ihrer integrativen Einrichtung betreut wird. Aufgrund seines muslimischen Glaubens darf Sultan kein Schweinefleisch essen. Den anderen Kindern in der Kita war dies aber nie so erklärt worden. Eines Tages kam ein Kind auf die Kita-Leiterin zu und sagte: »Sultan ist ganz doll behindert, weil Sultan darf nämlich keine Würstchen essen!«[1]

▶ Wie würden Sie auf die Aussage »Sultan ist ganz doll behindert, weil Sultan darf nämlich keine Würstchen essen!« reagieren?

2. Beispiel:

Die Berliner Rabbinerin Gesa Shira Ederberg weist darauf hin, dass selbst bei vielen nicht-religiösen Kindergeschichten interreligiöse Bildung vermittelt werden sollte – und nennt als Beispiel Astrid Lindgrens beliebte Erzählung von Michel aus Lönneberga: Michel will zum Festmahl einladen und holt gemeinsam mit Alfred und Klein-Ida alles aus den Schränken, was die Kinder schleppen können. Anschließend wird

[1] Zitiert nach: Albert Biesinger / Friedrich Schweitzer / Anke Edelbrock, Interkulturelle und interreligiöse Bildung in Kindertagesstätten: Das Forschungs- und Entwicklungsprojekt im Überblick, in: Anke Edelbrock / Friedrich Schweitzer / Albert Biesinger (Hrsg.), Wie viele Götter sind im Himmel? Religiöse Differenzwahrnehmung im Kindesalter, Münster 2010, 13–19, 17.

genau beschrieben, was auf dem Küchentisch stand: »*Eine Schüssel mit Blutklößen, eine Schüssel mit Schweinswürsten (...), eine Schüssel mit gepökelten Schweinsrippen, eine Schüssel mit kalter Bratwurst, eine Schüssel mit frischer Blutwurst, eine Schüssel mit frischer Leberwurst...*«[2]
Wenn Michel Blutwurst isst, so der Hinweis der Berliner Rabbinerin, sollte das jüdischen und muslimischen Kindern erklärt werden – denn Blutwurst ist weder mit den jüdischen Speisegesetzen (koscher) noch mit den muslimischen (halal) vereinbar.

► Was würden Sie einem jüdischen oder muslimischen Kind sagen, das Sie fragt: »Was ist eine Blutwurst? Und warum gibt es das bei uns zu Hause nie?«

Weitere Fragen:

► Welche Erfahrungen haben Sie in der Kita bislang mit anderen Religionen gemacht?

► Welche Chancen und welche Probleme sehen Sie im Bereich der interreligiösen Bildung?

Grundinformationen

»Wenn es nur einen Gott gibt, warum gibt es dann verschiedene Religionen?«[3], lautet die Frage eines Kindes. Dass es im Verlauf der Menschheitsgeschichte zu verschiedenen religiösen Wegen und Deutungsversuchen gekommen ist, die unterschiedliche Wahrheitsansprüche entwickelt haben, die manchmal sogar in Totalitätsansprüche mit schrecklichen Folgen mündeten, haben wir uns nicht ausgesucht. Doch wir sind Teil der Menschheitsgeschichte und können solchen Traditionen nicht ausweichen.

In der Kita stellen aber nicht nur die unterschiedlichen Religionen eine Herausforderung dar. Es gibt eine wachsende Gruppe von Menschen, die ohne religiöse Rückbindung leben. Diese Menschen stehen den Religionen teils neugierig-suchend, teils indifferent, teils kritisch, manchmal auch heftig ablehnend gegenüber. All diese Auffassungen gilt es für den Prozess der Bildung zu berücksichtigen.

In der Bildungsdiskussion ist der Begriff »Diversität« in den letzten Jahren immer wichtiger geworden. Vielfalt unter Kindern und Eltern ist eine große Herausforderung, mit der möglichst konstruktiv umzugehen ist. Vielfalt sollte in erster Linie als Chance und Bereicherung gesehen und nicht vorschnell und ängstlich als Gefährdung abgelehnt werden.

---

[2] Astrid Lindgren, Immer dieser Michel, übersetzt von Karl Kurt Peters, Hamburg ⁶1977, 93.
[3] Martin Jäggle, Wenn es nur einen Gott gibt, warum gibt es dann verschiedene Religionen?, in: Albert Biesinger / Helga Kohler-Spiegel (Hrsg.), Gibt's Gott? Die großen Themen der Religion: Kinder fragen – Forscherinnen und Forscher antworten, München 2007, 113–120.

Damit wird zugleich eine Grundentscheidung getroffen: Bildung betrifft nicht nur die sogenannten PISA-Bereiche wie Sprache, Naturwissenschaften und Mathematik. Bildung betrifft alle lebensrelevanten Verstehens- und Handlungsorientierungen, zu denen auch Religion gehört. Insofern ist interreligiöse Bildung ebenso wichtig zu nehmen wie Sprachförderung, musische Bildung oder Sport.

In den Einrichtungen wird eher von interreligiöser *Erziehung* als von *Bildung* gesprochen. Wenn wir von »interreligiöser Bildung« sprechen, meinen wir die den ganzen Menschen betreffende Bildsamkeit, die über Erziehung hinausgeht. Diese Art von Bildung ist ein lebenslanger Lehr- und Lernprozess, der sich nicht auf die Erziehungsphase beschränkt.

Der Schwerpunkt liegt auf interreligiöser Bildung, die nicht identisch ist mit interkultureller Bildung, wobei die Grenzen hier fließend sind: Man kann bei Bildungsprozessen etwa von Kindern mit türkischem Migrationshintergrund die religiösen ›Dimensionen‹ nur selten ›abspalten‹. Im konkreten Menschen sind Kultur und Religion oft so ineinander verflochten, dass diese verschiedenen Ebenen gar nicht klar zu trennen sind. Denn immer bestimmt Kultur Religion – und Religion bestimmt Kultur. Dies gilt auch für die christlichen Kirchen, die je nach Sprache und Kontinent ganz andere kulturelle Ausprägungen haben, sei es durch Gesänge, religiöse Rituale, Ausdrucksformen oder die Gestaltung von Festen. Lateinamerikanische Christen feiern dieselbe Botschaft in ihrer Volksreligiosität anders als christliche Gemeinden in Deutschland oder in Südkorea. Ebenso hat der Islam in der Türkei ein anderes Gesicht als in Albanien, Marokko, Saudi-Arabien oder Indonesien. Zu beachten sind auch die unterschiedlichen Richtungen im Islam: In Deutschland sind 74 % der Muslime sunnitisch, gefolgt von den Aleviten mit 13 % und den Schiiten mit 7 %.

Die Kultur von Familien mit türkischem oder arabischem Migrationshintergrund in Deutschland ist ohne den Einfluss des Islams oftmals nicht angemessen zu verstehen. Die interreligiöse Dimension nicht zu berücksichtigen birgt in sich die Gefahr des Scheiterns bei der pädagogischen Arbeit. Zugleich muss umgekehrt vermieden werden, die interreligiöse Dimension zu isolieren. Vielmehr geht es um eine bewusste Profilierung und Hervorhebung dieses in den letzten Jahrzehnten geradezu gefährlich vernachlässigten Aspektes der religiösen Bildung.

Für diese Hervorhebung gibt es gute Gründe. Im Durchschnitt hat fast jedes siebte Kind in deutschen Kitas einen muslimischen Hintergrund, in manchen Kitas sind es sogar deutlich mehr – bei weiter steigender Tendenz. Wenn mehr als drei Viertel der befragten Erzieherinnen angeben, dass sie in ihrem Alltag vor interreligiösen Herausforderungen stehen, dann ist dies offenbar keine Übertreibung. Viele Kinder essen aus religiösen Gründen bestimmte Lebensmittel nicht. Das Thema Schweinefleisch ist bereits jetzt für die Mehrheit der Erzieherinnen ein großes Thema, und viele sind auch mit Blick auf andere Produkte sensibel, die nicht koscher oder halal sind, wie zum Beispiel Gummibärchen: Diese werden oft aus Gelatine hergestellt, die aus Schweineknochen gewonnen wird.

In Kindertagesstätten treffen Kinder und Erwachsene mit unterschiedlichen religiösen und kulturellen Hintergründen oft zum ersten Mal intensiv aufeinander. Diese lebensweltliche Erfahrung ist als Vorgabe, aber auch als Aufgabe aufzugreifen. Es ist zu spät, wenn interreligiöse Bildung erst in der Grundschule beginnen soll. Die Aufgabe interreligiöser Bildung mit ihren anzustrebenden Kompetenzen – Offenheit, Achtung und Wertschätzung für andere Kulturen und Religionen, wechselseitige Anerkennung, Toleranz, Respekt – wird schließlich von den Erfahrungen der Kinder her vorgegeben. Erwachsene sollten dies wahrnehmen und nicht willkürlich ein Alter bestimmen, ab welchem interreligiöse Erziehung als wichtig einzustufen sei oder überhaupt erst beginnen sollte. Entwicklungspsychologisch gesehen ist dieser Bildungsbereich von Anfang an auch in der Arbeit der Kita ernst zu nehmen (→ Kapitel 3). Kinder nehmen von sich aus religiöse Unterschiede wahr und wollen die Gründe hierfür wissen, wie die Direktorin des jüdischen Kindergartens Masorti in Berlin, Rachel Herweg, ausführt:

»Mit den Unterschieden, die Kinder / Elternschaft / Team und Gäste mitbringen, und auch mit Unterschieden, über die Kinder außerhalb unserer Kita ›stolpern‹ und nach denen sie fragen (zum Beispiel nach dem ›schwarzen langen Kleid‹, das die Mutter eines muslimischen Kindes aus der benachbarten Kita ›immer trägt‹), arbeiten wir. Kinder nehmen Unterschiedlichkeiten wahr, benennen sie, registrieren (auch unsere) Reaktionen darauf und bilden darüber ihre eigene Identität aus. Gesprächssituationen, die zum Beispiel in den Morgenkreis einfließen oder aus denen inhaltliche Projekte entstehen, [...] gibt es viele. Dabei zeigt sich immer wieder, dass Kinder von sich aus wahrgenommene und benannte Unterschiede nicht als negativ bewerten. Erst eine auf sie bezogene ablehnende / abwertende / diskriminierende Haltung oder Äußerung lässt sie selbst ablehnend / ausgrenzend reagieren. Als Folge der Benennung eines Unterschieds ›wissen‹ unsere Kinder zum Beispiel, dass

▶ der Papa von, nennen wir sie Lisa, morgens immer betet und dabei seine *Tefillin* (Gebetsriemen) trägt (was auffiel, weil er das manchmal auch in einer Flurecke im Kindergarten tut),

▶ die Familie von Robert am Schabbat nicht mit dem Auto fährt (weshalb er nicht zu der Geburtstagsfeier eines entfernt wohnenden Kindergartenkindes kommen konnte),

▶ die Erzieherin Nadine mit ihrer Familie Weihnachten feiert (das hat sie erzählt, als sich in der Gruppe darüber ausgetauscht wurde, wie alle die vergangenen ›freien Tage‹ verbracht haben),

▶ Daniel mit seinem Vater ›einen Tannenbaum geschmückt‹ hat (was er im Anschluss an Nadines Schilderung erzählt hat),

▶ in Israel ›anders‹ Jom Ha'azma'ut (Unabhängigkeitstag) gefeiert wird als ›hier‹ (was unseren israelischen Kindern aufgefallen ist),

▶ es in der Schweiz besondere Kekse gibt (wovon Scharon berichtet hat, als in der Gruppe Hamantaschen [ein spezielles Gebäck an Purim] gebacken wurden; die ›anderen‹ Kekse wurden dann einige Tage später unter Anleitung von Scharons Mutter gebacken, und kurz darauf auch russische, amerikanische und italienische ...).«[4]

Geradezu falsch ist die Einschätzung, dass die religiöse Begleitung von Kindern in kommunalen Einrichtungen gar nicht zulässig sei. Wenn Kinder eine kommunale Kita besuchen, haben sie ja nicht weniger religiöse Fragen und Orientierungsbedarf als Kinder, die in eine konfessionelle Kita gehen. Hinzu kommt, dass die Bildungs- und Orientierungspläne mit der Dimension Sinn-Werte-Religion zumindest in vielen Bundesländern auch für kommunale Kitas gelten.

Dass muslimische Kinder in den Einrichtungen weitgehend keine kompetente interreligiöse Begleitung erfahren, ist nicht zuletzt deshalb fragwürdig, weil eine solche Begleitung auch Friedenserziehung ist – jedenfalls könnte sie diese Funktion wahrnehmen und zur gegenseitigen interreligiösen Verständigung und Sensibilisierung aller Kinder beitragen.

Interreligiöser Dialog stellt sich nicht von selbst ein. Die Kinder in den heutigen Kitas werden einmal für die Gestaltung und Zukunftsfähigkeit unserer Gesellschaft verantwortlich sein. Daher gilt es, sie von früh auf für Verständigung, gelingende Kommunikation und Frieden zu sensibilisieren und so auch Präventionsarbeit zu leisten gegen Hass und Gewalt.

Keinesfalls ist es aber so, dass nur Kitas in nicht-konfessioneller Trägerschaft Nachholbedarf im Bereich der interreligiösen Bildung haben. Im Gegenteil: Erzieherinnen, die in kirchlichen Einrichtungen arbeiten, fühlen sich nur unwesentlich besser für interreligiöse Fragen ausgebildet als ihre Kolleginnen in kommunaler Trägerschaft. Dies deutet darauf hin, dass unabhängig vom Träger die Sensibilität für interreligiöse Bildung in der Kita erhöht werden muss – besonders in der Ausbildung der Erzieherinnen.

Interreligiöse Bildung muss in der Kita fest verankert werden

Das Bildungsangebot der Einrichtungen muss so ausgestaltet sein, dass es den Kindern möglich wird, Wissen über andere Religionen zu erwerben, um das, was sie häufig bei anderen Kindern in der Einrichtung wahrnehmen, überhaupt verstehen zu können. Durch eigenes Erleben lernen sie die Ausdrucks- und Praxisformen anderer Religionen

---

[4] Rachel Herweg, Religiöse und kulturelle Unterschiedlichkeit als pädagogische Herausforderung im Elementarbereich: eine jüdische Perspektive, in: Anke Edelbrock/Friedrich Schweitzer/Albert Biesinger (Hrsg.), Wie viele Götter sind im Himmel? Religiöse Differenzwahrnehmung im Kindesalter, Münster 2010, 39–50, 44f.

kennen. Es geht darum, Haltungen und Einstellungen zu entwickeln, die von Offenheit, Respekt und Anerkennung geprägt sind.

Religiöse Sprachfähigkeit über die Grenzen der eigenen Religionsgemeinschaft hinaus zu erwerben ermöglicht es, mit anderen Kindern auch in religiöser Hinsicht zu kommunizieren. Dafür gibt es zahlreiche Möglichkeiten:

- Kindern und ihren Eltern gezielt Offenheit für andere Religionen sowie die Bereitschaft signalisieren, über religiöse Fragen zu sprechen;
- Sensibel werden für religiöse Fragen von Kindern und das Kind in seiner eigenen Religiosität stärken;
- Religiöse Orientierungsbedürfnisse wahrnehmen und im pädagogischen Alltag bewusst aufnehmen, zum Beispiel Kinderfragen nach Gott, nach Tod und Sterben;
- Zeit und Raum dafür einplanen, die Kinder in ihrer eigenen religiösen Identitätsbildung zu unterstützen und sie zum interreligiösen Austausch hinzuführen;
- Erfahrungen von Kindern und Familien vor allem im Blick auf religiöse Festzeiten mit allen Kindern thematisieren: Advent und Weihnachten, aber ebenso Ramadan und Opferfest;
- Religion und Religionen in der Kita alltäglich erfahrbar machen; zum Beispiel Geschichten vorlesen oder erzählen und dabei den Kindern deutlich machen: das ist aus der Bibel, dem Buch der Christen; diese Geschichte steht im Koran, dem Buch der Muslime; diese Geschichte steht im Alten Testament, das ist nicht nur die Heilige Schrift der Christen, sondern auch der Juden. Dabei kann sichtbar werden, dass wichtige Figuren wie Abraham, Mose und Jesus sowohl für das Christentum als auch für das Judentum und den Islam relevant sind;
- Vernetzung mit der Gesellschaft auch in religiöser Hinsicht, etwa mit Kirchen- oder Moscheegemeinden und jüdischen Gemeinden;
- Besuche und Erkundungen von Kirchen, Moscheen und Synagogen mit möglichst allen Kindern.

Angesichts solcher Herausforderungen ist es dringlich, sich als Erzieherin der eigenen religiösen Einstellungen und Haltungen, gerade auch im Hinblick auf andere Religionen, bewusst zu werden. Positive oder negative Einstellungen sowie Vorurteile, Distanzen oder Nähe zu religiösen Vorstellungen nehmen Einfluss auf die Kompetenz für interreligiöse Bildung. In besonderer Weise gilt dies auch für konfessionslose oder religiös uninteressierte Erzieherinnen, denn sie sind ebenfalls im interreligiösen Kommunikationsprozess einer Kita wichtig und – in welcher Qualität auch immer – daran beteiligt.

Für religiös uninteressierte Erzieherinnen stellt sich analog zu Sprachförderung, Bewegungserziehung oder musikalischer Förderung das Problem, sich den Kindern zuliebe auf deren religiöse Fragen so weit einzulassen, dass sie sich »religionskundliche Antworten« erarbeiten. Auch Erzieherinnen dürfen nicht religiös »übermächtigt« werden, indem sie religiös etwas vorspielen müssen, woran sie gar nicht glauben. Aber: Auf der Wissensebene ist die Erweiterung der religiösen Erziehungskompetenz allen Erzieherinnen zuzumuten – weil Kinder große Fragen stellen, zu denen eben auch religiöse und interreligiöse Fragen gehören.

Für alle gilt, Toleranz und Wertschätzung gegenüber dem religiös Fremden zu entwickeln und sich der eigenen und fremder Vorurteile bewusst zu werden. Was alle Erzieherinnen leisten können ist, die Verstehenskompetenzen für das Christentum, das Judentum und den Islam bzw. auch für andere Religionen, die in der Kita präsent sind, Schritt für Schritt weiter zu entwickeln und hierfür entsprechende Fortbildungsangebote wahrzunehmen.

Dass sich diese Kompetenzen auch mit Blick auf interreligiöse Gespräche mit den Eltern lohnen, liegt auf der Hand. Es ist bedauerlich, dass interreligiöse Bildung in konfessionellen Einrichtungen im Durchschnitt noch nicht wesentlich intensiver ausgeprägt ist als in nicht-konfessionellen Kitas. Dies ist insofern besonders verwunderlich, als für die christlich profilierten Einrichtungen die Kompetenz mit Blick auf religiöse Bildung grundsätzlich ausgeprägter ist. In christlichen Kitas sind religiöse Rituale und Feste sowie Geschichten aus der Bibel selbstverständlich – von daher könnte man erwarten, dass in konfessionellen Kitas automatisch Interesse an interreligiösen Fragen besteht. Allerdings zeigen Befragungen von Erzieherinnen, dass die interreligiöse Bildung nach wie vor viel zu kurz kommt – obwohl Deutschland längst aus einer multikulturellen Gesellschaft besteht. Doch die fehlende interreligiöse Kompetenz ist andererseits auch nicht verwunderlich, wenn man auf die Einwanderungsgeschichte Deutschlands zurückblickt: Lange Zeit lehnten führende Politiker ab, Deutschland als Einwanderungsland zu bezeichnen.

Eine religiöse Begleitung der muslimischen Kinder findet in den Einrichtungen noch kaum statt. Hier zeigen sich wohl Unsicherheiten bei den Erzieherinnen, die sich durch ihre Ausbildung, aber auch durch die Fortbildung auf entsprechende Aufgaben nicht wirklich vorbereitet fühlen. Zudem stellt sich grundlegend die Frage, wie etwa eine christliche Erzieherin muslimischen Kindern eine kompetente religiöse Begleitung bieten soll. Im Blick auf die Rechte muslimischer Kinder ist die Situation, den Befragungen zufolge, unbefriedigend: Geschichten aus dem Koran können Kinder in den Einrichtungen fast nie hören, muslimische Gebete sind höchst selten, und auch das besuchsweise Kennenlernen einer Moschee bleibt bislang ein ziemlich seltener Ausnahmefall. Auch muslimische Feste finden in aller Regel keine weitere Beachtung in den Einrichtungen.

Pädagogisch und religionspädagogisch gesehen stellt nicht nur die Begleitung der Kinder in ihrer Religion bzw. der ihrer Eltern eine wichtige Aufgabe dar, sondern auch der Erwerb der Fähigkeit zur interreligiösen Verständigung. Interreligiöse Bildung ist deshalb zu einem zentralen Thema geworden. Der Erzieherinnenbefragung zufolge wird eine solche Bildung zwar etwas häufiger befürwortet bzw. praktiziert als eine am Islam ausgerichtete Begleitung der Kinder, aber auch in diesem Falle ist die entsprechende religionspädagogische Praxis auf eine kleine Minderheit beschränkt.[5]

[5] Friedrich Schweitzer/Anke Edelbrock/Albert Biesinger (Hrsg.), Interreligiöse und interkulturelle Bildung in der Kita: Eine Repräsentativbefragung von Erzieherinnen in Deutschland – interdisziplinäre, interreligiöse und internationale Perspektiven, Münster 2011.

Immerhin gaben 32 % der Befragten an, dass sie mit den Kindern über die verschiedenen Religionen auf der Welt sprechen, und ebenfalls 32 % nehmen bei ihrer Arbeit Erzählungen aus anderen Religionen auf. »Gerade weil wir eine katholische Kindertagesstätte sind, ist es uns wichtig, interreligiöse Bildung ernst zu nehmen und entsprechend zu intensivieren«, sagt beispielsweise Maria Marberger, Leiterin der katholischen Kita St. Elisabeth in Augsburg. Es gibt also nicht zwingend den umgekehrten Schluss nach dem Motto: »Wir sind christlich und deswegen grenzen wir uns bewusst von den anderen Religionen ab.« – Dies wäre sowohl theologisch als auch religionspädagogisch eine höchst defizitäre Entscheidung, schließlich ist Gott als Schöpfer der Welt der Schöpfer aller Menschen. Gott will das Heil für alle Menschen. Gott gibt allen Menschen Zukunft – unter dem Vorbehalt ihrer freien Entscheidung. Gott liebt alle Menschen und fordert uns ausdrücklich zur Nächstenliebe auf. Insofern ist es eine religionspädagogische Grundentscheidung, dialogisch, gesellschaftsrelevant und grundsätzlich aus der Sicht der Kinder religionspädagogische Begleitung in Kindertagesstätten und Kindergärten zu realisieren. Dass sich dabei auch Fragen nach dem spezifisch christlichen Profil anders und neu stellen, liegt auf der Hand.

Es ist eine spezielle Herausforderung, wenn man die Fort- und Weiterbildung mit Blick auf interkulturelle und multireligiöse Perspektiven hin neu strukturiert. Künftig wird es dringend auch Möglichkeiten der Fort- und Weiterbildung geben müssen, bei denen jüdische, muslimische und christliche Erzieherinnen untereinander interreligiösen Dialog realisieren, diesen weiter entwickeln und entsprechende Module für Themensetzungen und Alltagsgestaltungen ausarbeiten, zu denen auch die Bearbeitung und Lösung von sich ergebenden Konflikten gehören.

Die eigenen Kompetenzen erproben und einüben

Gehen Sie folgende Checkliste[6] durch und überlegen, wo Sie Handlungsbedarf sehen und welche Verbesserungsvorschläge Sie mit Blick auf die interreligiöse Arbeit haben.

Die alltägliche Praxis der Kita	Ja	Nein
Signalisieren wir den Kindern und Eltern Offenheit für Religionen?	☐	☐
Haben wir eine Möglichkeit dafür bereitgestellt, dass sich Kinder und Eltern über ihre (Herkunfts-)Kultur und Religion austauschen können?	☐	☐
Nehmen wir existenzielle Fragen der Kinder, wie »Wo war ich vor meiner Geburt?« und »Opa ist tot. Wo ist er jetzt?« auf?	☐	☐
Ermöglichen wir den Kindern Begegnungen mit Antworten aus verschiedenen Religionen?	☐	☐

[6] Entnommen aus: Checkliste: Fit für interreligiöse Arbeit?, in: Anke Edelbrock/Albert Biesinger/Friedrich Schweitzer (Hrsg.), Religiöse Vielfalt in der Kita: So gelingt interreligiöse und interkulturelle Bildung in der Praxis, Berlin 2012, 167–171.

Führen wir die Kinder hin zum interreligiösen Austausch? ☐ ☐

Führen wir Besuche und Erkundungen durch, bei denen die Kinder religiöse Vielfalt erfahren können, z. B. indem wir Synagoge, Kirche und Moschee besuchen? ☐ ☐

Nehmen wir religiöse Feste aus verschiedenen Religionen in unseren Alltag auf und machen dabei den religiösen Grund der Feste transparent? ☐ ☐

Materielle und räumliche Ausstattung

Strahlt unser Eingangsbereich ein herzliches Willkommen gegenüber allen Nationen und Religionen aus? ☐ ☐

Bieten wir den Kindern einen Bereich an, in dem sie sich selbstständig als religiöse Forscher betätigen können? ☐ ☐

Haben wir Bilder, Bücher, Spielzeug und weitere Materialien, die unterschiedliche Kulturen und Religionen vertreten? ☐ ☐

Nehmen wir in unseren Räumen unterschiedliche kulturelle Gestaltungselemente auf? ☐ ☐

Nehmen wir Angebote von externen Institutionen, wie z. B. der Stadtbücherei, wahr? ☐ ☐

Interreligiöse Bildung als Thema im Team

Ist eine religiöse Vielfalt in unserem Team vorhanden und nutzen wir sie als Chance? ☐ ☐

Haben wir eine offene und tolerante Atmosphäre im Team, die einen Austausch zu religiösen Fragen zulässt? ☐ ☐

Haben wir in den letzten drei Monaten über interreligiöse Bildung gesprochen? Falls ja: wie oft und wie intensiv? ☐ ☐

Planen wir interreligiöse Angebote gemeinsam im Team? ☐ ☐

Interkulturelle und interreligiöse Angebote in unserer Stadt

Nutzen wir Angebote auf Ortsebene, um uns mit unserem Profil in der Stadt bekannt zu machen? ☐ ☐

Haben wir Netzwerke in unserem Umfeld, die uns in unserer interreligiösen Arbeit unterstützen können? ☐ ☐

Zum Weiterlesen

Anke Edelbrock/Albert Biesinger/Friedrich Schweitzer (Hrsg.), Religiöse Vielfalt in der Kita: So gelingt interreligiöse und interkulturelle Bildung in der Praxis, Berlin 2012.

Matthias Hugoth/Monika Benedix (Hrsg.), Religion im Kindergarten: Begleitung und Unterstützung für Erzieherinnen, München 2008.

Matthias Hugoth, Handbuch religiöse Bildung in Kita und Kindergarten, Freiburg 2012.

Heinrich de Wall, Juristische Aspekte der interkulturellen und interreligiösen Bildung in Kindertagesstätten, in: Friedrich Schweitzer/Albert Biesinger/Anke Edelbrock (Hrsg.), Mein Gott – Dein Gott: Interkulturelle und interreligiöse Bildung in Kindertagestätten, Weinheim ²2009, 81–94.

6.

Religion und Religionen kennen

Wie Christen, Juden und Muslime ihre Religion beschreiben

mit Beiträgen von Alfred Bodenheimer und Ednan Aslan

Glauben Christen und Muslime an denselben Gott? – Was früher vielen als eine eher abstrakte Frage erschien, die vielleicht für die Wissenschaft interessant sein konnte, begegnet heute manchmal ganz unmittelbar im Kita-Alltag – und das auch noch ganz unverhofft. Und damit kommt gleichzeitig die Frage auf, was die unterschiedlichen Glaubensrichtungen und Gottesvorstellungen für das Zusammenleben im Kita-Alltag konkret bedeuten – und ob die Gemeinsamkeiten groß genug sind, um religiöse Feste gemeinsam zu feiern.

Aufgabe

Doris Ziebritzki geht der Frage nach dem gemeinsamen Feiern religiöser Feste in der Kita wie folgt nach:

»Kann ein Christ, eine Christin, so einfach das Fastenbrechen der Muslime mitfeiern? Er / Sie hat nicht einen Monat gefastet – und für Christen hat der Ramadan als Monat, in dem der Koran zum ersten Mal geoffenbart wurde, auch nicht die gleiche wichtige Bedeutung wie für Muslime.

Kann eine Muslima so einfach Weihnachten mitfeiern? Sie glaubt ja nicht an die Menschwerdung Gottes in Jesus, die gefeiert wird. Jesus, der im Koran Isa genannt wird, hat zwar auch für Muslime als Gesandter Allahs / Gottes eine hohe Bedeutung – aber eben eine ganz andere als für Christen.

Es gibt dafür eine einfache Regelung, die beide christlichen Konfessionen, die katholische und evangelische, für einen guten Weg halten:

Wirklich feiern kann ich nur die Feste meiner eigenen Religion, weil ich daran glaube, was gefeiert wird. Als Gast kann ich aber am Fest einer anderen Religion jederzeit teilnehmen. Dadurch drücke ich meinen Respekt für meine eigene Religion, aber auch für die fremde Religion aus.«[1]

▶ Welche Antworten geben Sie, wenn Sie von einem Kind gefragt werden: Glauben Christen und Muslime an denselben Gott?

▶ Was bedeutet religiöse Vielfalt für das Feiern religiöser Feste in der Kita?

▶ Welche Informationen benötigen Sie und welchen Fortbildungsbedarf sehen Sie, um erfolgreich interreligiöse Bildung in der Kita realisieren zu können?

---

[1] Doris Ziebritzki, Wir wollen zusammen feiern: Feste der Weltreligionen im Kindergartenjahr, Freiburg 2012, 13.

Grundinformationen

Kernpunkte zu Judentum, Christentum und Islam

Es gibt heute viele Darstellungen über die verschiedenen Religionen. Inzwischen sind es sogar schon so viele, dass es mitunter schwerfällt, die für die eigenen Zwecke »richtige« zu finden.

Und welche Darstellung hat Recht? Können Christen eigentlich so einfach sagen, was ›das Judentum‹ oder ›den Islam‹ ausmacht?

Angesichts dieser Situation sehen wir einen entscheidenden Fortschritt darin, wenn verschiedene Religionen und ihre Vertreter selbst zu Wort kommen. Deshalb haben wir einen Professor für Jüdische Studien, Alfred Bodenheimer (Basel), und einen Professor für Islamische Religionspädagogik, Ednan Aslan (Wien), als international angesehene Vertreter ihres Faches gebeten, in knapper Form einen Überblick zu ihrer Religion, also zu Judentum und Islam, zu verfassen. Entsprechend haben wir beide – Albert Biesinger als katholischer und Friedrich Schweitzer als evangelischer Religionspädagoge – einen Beitrag zum Christentum geschrieben.

So können wir im Folgenden drei authentische Beiträge zu Kernpunkten von Judentum, Christentum und Islam bieten, jeweils aus der Sicht eines Angehörigen der entsprechenden Religion.

Natürlich haben Kinder im Kindergarten manchmal auch eine andere Religionszugehörigkeit, aber am häufigsten kommen die drei hier vorgestellten Religionen vor. So bietet dieses Kapitel eine exemplarische Möglichkeit dafür, etwas über andere Religionen zu erfahren. Wenn dadurch das Interesse auch an weiteren Religionen geweckt wird, ist das ganz in unserem Sinne.

Basiswissen Judentum
von Alfred Bodenheimer

Herkunft des Judentums
Das Judentum leitet sich vom biblischen Erzvater Abraham her, von dem über die Geschlechterfolge des Sohnes Isaak und des Enkels Jakob über dessen Söhne (die Urahnen der zwölf Stämme) das Volk der Israeliten abstammt.

Das Urereignis der kollektiven Volkwerdung ist der Auszug der zwölf Stämme unter der Führung des Moses aus Ägypten (wohin, laut Genesis, die Söhne Jakobs und er selbst aufgrund einer Hungersnot im Land Kanaan hingezogen waren), wo Israel zuletzt Sklaverei und Kindsmord seitens der Ägypter ausgesetzt war. Nach diesem Auszug, so erzählt das Buch Exodus, erhielten die Israeliten am Sinai die Torah (das Gesetz), vierzig Jahre später gelangten sie unter Josua nach Kanaan, das fürderhin den Namen »Eretz Israel« (Land Israel) trug.

Später teilte sich das israelitische Reich in ein Nordreich Israel und ein Südreich Judäa. Während die zehn Stämme des Nordreichs nach dessen Zerschlagung unter den Assyrern als zerstreut und nicht identifizierbar gelten, führen die Juden ihre Herkunft auf das Reich Judäa zurück. Dieses wurde im 6. Jahrhundert v. u. Z. (vor unserer Zeitrechnung) von Babylonien ebenfalls zerstört, wodurch, nebst den in Judäa verbleibenden, auf die Dauer auch Juden im Exil lebten – zunächst vor allem in Babylonien und Ägypten, später über die ganze Welt zerstreut.

Der Exilbegriff bezieht sich im Judentum nicht nur auf das Leben außerhalb des Landes Israel, sondern auch darauf, dass es keinen Jerusalemer Tempel gibt. Einen solchen hatte als Erster der biblische König Salomo noch vor der Reichsteilung gebaut, und die Babylonier hatten ihn zerstört. Der zweite, rund 70 Jahre nach dieser Zerstörung gebaute Jerusalemer Tempel bestand fast 600 Jahre – im Jahre 70 u. Z. wurde er, bei der Niederschlagung eines großen jüdischen Aufstands, von den Römern zerstört und nie wieder aufgebaut.

Die Juden sind eine Gemeinschaft, die sich sowohl als Volk wie auch als religiöse Gemeinschaft wahrnimmt – zu verschiedenen Zeiten und von verschiedenen Gruppen wurde das eine oder das andere stärker betont, doch war immer beides zusammen identitätsstiftend. Seit der Erhebung des Christentums zur Staatsreligion im römischen Reich im 4. Jahrhundert und der Entstehung des Islam im 7. Jahrhundert hat das Judentum nicht mehr offen missioniert. Dennoch hat es Konversionen zum Judentum gegeben, und es gibt sie auch heute.

Grundschriften und Gesetz des Judentums

Die Urschrift des Judentums ist die Torah (die fünf Bücher Mose), die gemeinsam mit den übrigen Büchern der Hebräischen Bibel die Gesamtheit der jüdischen Bibel (hebr. Tanach) bildet. Das Neue Testament besitzt für das Judentum keinerlei religiöse Bedeutung. Ergänzt werden die Schriften der Hebräischen Bibel durch die Schriften, in denen die rechtliche Tradition aufgeführt ist: die Mischna (redigiert Ende des 2. Jh. u. Z.) und des darauf aufbauenden Talmud (Babylonischer Talmud redigiert im 6. Jh. u. Z.). Sie legen die Grundlage der jüdischen Gesetzgebung, die sich auf jeden Lebensbereich bezieht. Bekannt sind Gesetzeskomplexe wie die Speisevorschriften (Kaschrut), nach denen nur der Genuss bestimmter Tiere, eine bestimmte Art des Schlachtens und das Verbot, Milch und Fleisch gemeinsam zu genießen, festgelegt ist, oder die Sabbatgebote, die am jüdischen Ruhetag (Freitagabend bis Samstagabend) die Ausführung vieler Tätigkeiten im Sinne eines Arbeitsverbots untersagen. Doch das jüdische Gesetz erstreckt sich auch auf Gebiete des täglichen Zusammenlebens: Strafrechtliche Fragen (Mord, Diebstahl, Betrug, Körperverletzung etc.) werden darin ebenso differenziert abgehandelt wie zivilrechtliche (Ehegesetze, Geschäftskontrakte, Bestimmung von Besitzverhältnissen etc.). Auch das christliche Gebot der Nächstenliebe hat seinen Ursprung in der Torah und im jüdischen Gesetz.

Die jüdische Tradition beziffert die von der Torah festgelegten Gesetze auf 613. Dazu kommen noch eine große Anzahl von den Rabbinern festgelegter Zusätze und Erweiterungen, zugleich fällt in der heutigen Zeit ein Teil der Gesetze, etwa die auf den Tempel- und Opferdienst bezogenen, weg. In mancherlei Hinsicht haben die Schriften der Tradition das in der Torah Geschriebene stark modifiziert. So wird z. B. der Schabbat in der Torah eher kurz abgehandelt, in der Mischna und im Talmud aber ausführlichst in einzelne Ge- und Verbote differenziert. Demgegenüber sublimiert (»vergeistigt«) der Talmud die oft als »alttestamentarische Vergeltung« verunglimpfte Praxis »Auge um Auge, Zahn um Zahn« zur Festlegung rein finanzieller Ersatzleistungen für zugefügte körperliche Schäden.

Jüdische Festtage

Ebenfalls im Gesetz verhandelt werden die jüdischen Festtage, deren Daten nach dem jüdischen Kalender festgelegt sind. Die biblischen Feste sind:

▶ Rosch Haschana (Neujahr, der Beginn eines zehntägigen Zyklus von Buße und ›Rückkehr‹ zu Gott, an dem auch das Widderhorn [Schofar] als Aufruf an das Volk zur Buße geblasen wird; 2 Tage, jeweils im September / Oktober).

▶ Jom Kippur (Versöhnungstag; der höchste Fest- und zugleich ein Fasttag, mit dem die an Rosch Haschana begonnene Bußperiode zum Ende und Höhepunkt gelangt; 1 Tag).

▶ Sukkot (oder Laubhüttenfest, an dem der Wüstenwanderung und des »Wohnens in Hütten« gedacht, zugleich aber auch Erntedank und am Ende des Festes der Abschluss des jährlichen Zyklus der Lesung der Fünf Bücher Moses gefeiert wird, jeweils vier Tage nach Jom Kippur; während des Festes soll in Laubhütten gegessen oder evtl. sogar darin geschlafen werden, zudem wird in Teilen des Festtaggebets ein Feststrauß mit den sogenannten »vier Arten« [Palmwedel, eine bestimmte Zitrusfrucht, Myrrhen, Bachweiden] gehalten; Dauer in Israel 8, außerhalb Israels 9 Tage).

▶ Purim (ein Fest auf der Basis des biblischen Buches Esther, in dem die Rettung der Juden vor einer genozidalen Bedrohung zur Perserzeit gefeiert wird; 1 Tag jeweils im Februar / März).

▶ Pessach (die Erinnerung an den Auszug aus Ägypten; Dauer in Israel 7, außerhalb Israels 8 Tage, jeweils im März / April; in dieser Zeit verbietet das Religionsgesetz den Genuss von »Gesäuertem«, also aller Lebensmittel auf Getreidebasis, die einen Säuerungs- oder Gärungsprozess benötigen wie Brot, Kuchen, Teigwaren, Kornschnaps, Bier etc.).

▶ Schawuot (die Erinnerung an das Fest, an dem die Erstlingsfrüchte in den Tempel gebracht und gespendet wurden, fällt auch zusammen mit dem biblischen Datum der göttlichen Offenbarung am Berg Sinai, jeweils sieben Wochen nach dem zweiten Pessachtag, also im Mai / Juni; Dauer in Israel 1 Tag, außerhalb Israels 2 Tage).

Hinzu kommen:

► Chanukka (Lichterfest, in Erinnerung an den Widerstand der Hasmonäer gegen die Tempelentweihung und andere Repressionen der hellenistischen Herrschaft um 165 v. u. Z., abgehandelt in den Makkabäerbüchern, die nicht Teil der Hebräischen Bibel sind; acht Tage lang wird, beginnend mit einem Licht, jeden Tag ein zusätzliches bis zur vollen Zahl von acht angezündet; jeweils im November / Dezember).

► Jom Ha'atzma'ut (Unabhängigkeitstag Israels, seit der Staatsgründung 1948; jeweils ein Tag im April / Mai).

Hinzu kommt noch eine Reihe von Trauer- und Fasttagen.

Das Judentum in der Geschichte

Durch seine Zerstreuung über die Länder der Welt lebte das Judentum immer in Kontakt, zuweilen auch in Konfrontation mit oder gar unter der Verfolgung anderer Kulturen. Oft waren die Differenzen zu anderen Kulturen primär religiös begründet, doch auch wirtschaftliche und (in der Moderne) rassistisch-antisemitische Motive konnten die Ursache von Judenhass und Verfolgung sein. Doch friedliche Kontakte durch Geschäftsbeziehungen oder Aufgabenteilungen zwischen Juden und Nichtjuden in öffentlichen Funktionen oder jüdische Verantwortungsträger in staatlichen Systemen gehören ebenso zur Geschichte der jüdischen Minderheit.

Während Juden in christlichen und muslimischen Gesellschaften jahrhundertelang eine (meist) geduldete, aber nicht gleichberechtigte Minderheit waren, setzte im 18. Jahrhundert ein Emanzipationsprozess ein, der in Mitteleuropa in der zweiten Hälfte des 19. Jahrhunderts zur formellen Gleichberechtigung der Juden führte. Die Judenverfolgungen des Dritten Reiches und der Holocaust zeigten aber, dass ein solcher rein rechtlicher Zustand ohne erzieherische und wissensmäßige Abstützung in der Gesellschaft brüchig ist.

Das Judentum in der Gegenwart

Das Judentum ist heute in den Ländern der hauptsächlichen jüdischen Ansiedlung (nebst Israel, in dem Juden erstmals in der Geschichte seit der Antike mit etwa 80 % Anteil die Bevölkerungsmehrheit bilden), also den Staaten des Westens, relativ bis sehr gut integriert, trotz oftmals aufflammendem Antisemitismus in verschiedenen Ländern.

Nach innen ist das Judentum stark segmentiert, schon innerhalb der Jüdinnen und Juden, die sich selber in einer bestimmten (orthodoxen, traditionell-konservativen oder liberalen) Weise als religiös verbunden definieren, ganz zu schweigen von den sogenannten nicht affiliierten Jüdinnen und Juden, die keiner Gemeinde oder Ausrichtung angehören, weil ihre eigene religiöse Welt darin nicht widergespiegelt wird oder sie eine rein säkulare, durch ihre familiäre Zugehörigkeit definierte jüdische Identität haben. Zugleich gibt es heute ansehnliche Zahlen von Konversionen (Bekehrungen) zum Judentum, wobei auch diese, je nach konvertierender Instanz, nach unterschiedlich strengen Kriterien vorgenommen und zuweilen von anderen jüdischen Denominationen auch nicht anerkannt werden.

Basiswissen Christentum

von Albert Biesinger / Friedrich Schweitzer

Die christliche Religion geht auf Jesus Christus zurück

Das Christentum geht zurück auf Jesus von Nazareth, der durch sein Leben und seine Botschaft, sein Sterben und seine Auferweckung und Verwandlung aus dem Tod von seinen Jüngern als Christus – als der Retter der Welt – bekannt und geglaubt wurde. Das kennzeichnende Merkmal des Christlichen ist also, in einer Kurzformel umschrieben, Jesus Christus. Nach ihm ist die christliche Religion auch benannt.

Jesus von Nazareth war Jude. Er wurde jüdisch sozialisiert und erzogen – zum Beispiel als 12-jähriger Junge im Tempel von Jerusalem. Seine Heilige Schrift war das, was wir heute das Alte Testament nennen. Sie verbindet das Christentum dauerhaft mit der jüdischen Religion.

Das öffentliche Auftreten Jesu wird in der Bibel erst in seinen späten Jahren beschrieben. Er war ungefähr 30 Jahre alt, als er die Botschaft vom Reich Gottes, das nahe gekommen ist, öffentlich zu verkünden begann (Markus 1,15).

In Jesus Christus ist Gott Mensch geworden

Der Kern der Botschaft des Neuen Testaments ist, dass wir Menschen, dass die Welt und das ganze Universum zu Gott gehören – Jesus sprach vom Reich Gottes, das wir auch als Be-Reich Gottes verstehen können. Für den christlichen Glauben ist entscheidend, dass Gott den Menschen in Jesus Christus in unüberbietbarer Weise nahegekommen ist. Deshalb wird Jesus Christus in der Bibel auch als »Ebenbild Gottes« bezeichnet. An ihm ist abzulesen, wie Gott ist.

Christinnen und Christen glauben, dass Gott sich ganz konkret in der Menschheitsgeschichte mitgeteilt hat: Jesus ist Gottes Sohn. Gott ist nicht einfach in einer himmlischen Welt geblieben, sondern ist herabgestiegen in die menschliche Welt und hat sich mit allem solidarisiert, was uns Menschen ausmacht. Auch das Leiden und den Tod hat er erfahren.

Gott selbst hat die Situation der Menschheit am eigenen Leib erfahren und erlitten. Jesus Christus ist als Sohn Gottes in den Tod am Kreuz gegangen, aber er ist nicht im Tod geblieben. Vielmehr hat Gott ihn auferweckt.

An die Auferstehung glauben?

Die Auferstehung kann man nicht beweisen. Sie wird aber im Neuen Testament bezeugt. Das Neue Testament berichtet von den Erfahrungen der frühen Gemeinden, die aus der Begegnung mit dem Auferstandenen und der christlichen Verkündigung entstanden sind. Die Evangelien sind keine konkreten Berichte von Zeitzeugen, sondern sie enthalten zum Teil geheimnisvolle Botschaften und Deutungen des nahegekommenen Reiches Gottes. 50 Tage nach der Auferweckung Jesu Christi – an Pfingsten – gibt Gott den Jüngerinnen und Jüngern Jesu seinen Geist, der sie dazu motiviert und antreibt, die Glaubenserfahrungen mit dem auferweckten Christus in alle Welt zu verbreiten.

Bis heute wird immer wieder an der Auferstehung gezweifelt. Menschen suchen immer nach Beweisen, aber die Auferstehung ist nicht wie eine historische Tatsache, die sich beweisen lässt. Vielmehr geht es hier um eine persönliche Begegnung mit dem Auferstandenen, die nur im Glauben möglich ist.

Paulus und die Ausbreitung des Christentums

Paulus als der »Völkerapostel« war anfänglich ein Gegner der Christen, hat später aber durch seine Missionsreisen etwa nach Korinth und Rom und durch seine Briefe an die jungen Gemeinden wesentlich dazu beigetragen, dass sich das Christentum im Römischen Reich und in der Griechischen Welt Schritt für Schritt verbreitet hat. Er hat dann im Apostelkonzil in Jerusalem durchgesetzt, dass man Christ sein kann, ohne vorher durch Beschneidung Jude werden zu müssen. Dies hat die Ausbreitung des Christentums enorm begünstigt. Paulus wird deshalb als der Apostel angesehen, der den christlichen Glauben an alle Völker und an alle Welt weitergegeben hat, weit über das Land Israel hinaus.

Erlösung im christlichen Glauben

Der Glaube von der Menschwerdung Gottes unterscheidet das Christentum sowohl vom Judentum als auch vom Islam. Das Entscheidende des Christlichen ist die Menschwerdung Gottes. Daraus ergeben sich auch veränderte Auffassungen des Glaubens an eine Erlösung. Auch im christlichen Glauben wird zum Beispiel der Glaube an Gott als den Schöpfer festgehalten, wie er am Beginn der Bibel im Alten Testament beschrieben wird. Allerdings wird nun alles von Gottes Menschwerdung in Jesus Christus her verstanden. Auch der im ersten Buch Mose beschriebene Sündenfall ist für das Neue Testament wesentlich. Der Mensch wird nicht idealisiert, sondern in seiner Gebrochenheit und Ferne von Gott beschrieben. Die christliche Religion kennt deshalb auch keine Selbsterlösung des Menschen. Niemand kann sich selber erlösen – und niemand muss dies tun. Gott selber hat die Menschen durch seine Liebe erlöst.

Dreieinigkeit (Trinität)

Wie kann der Glaube an den einen Gott sich ausdrücken im Glauben an Gott den Schöpfer, den Vater; an Gott den Erlöser, Jesus Christus; und an den Heiligen Geist, der die Bedingung der Möglichkeit jeglichen geistlichen Wirkens in der Welt ist? Christen glauben nicht an drei Götter, sie glauben vielmehr an den *einen* Gott, der uns Menschen entgegengekommen ist als unser Schöpfer, als unser Erlöser und Heiland und als Heiliger Geist. Deshalb kann man auch nicht sagen, dass im Christentum Gott einen Sohn *hat*. Diese Formulierung ist falsch, Gott hat keinen Sohn wie wir Menschen Söhne und Töchter haben. Präzise muss es heißen:

Gott ist Vater – Gott ist Sohn – Gott ist Heiliger Geist.

Es ist der eine Gott, der uns in der Gestalt von drei Personen entgegenkommt. Die Rede von Gott in drei Personen ist der menschliche Versuch, sprachlich ein Gottesgeheimnis auszudrücken, was immer missverständlich bleibt. Aber die frühen Konzilien der Kirche haben sich Gedanken gemacht, wie sie dieses kaum vorstellbare Geheimnis ausdrücken sollen, dass der unzugängliche Gott sich den Menschen in seinem Sohn so hautnah mitteilt, dass er Kranke heilt, Kinder auf seine Arme nimmt und sie segnet, dass er Menschen berührt und ihnen Kraft zum Weiterleben zuspricht – all das bedeutet es, dass Gott Mensch geworden ist.

Für viele Christen ist genau diese Glaubensvorstellung das Faszinierende am Christentum: Es gibt eine Transformation vom Tod in die göttliche Welt. Durch Christus sind wir mehr als unser sterblicher Körper. Jesus von Nazareth, der Christus, der Gesalbte Gottes, ist den Menschen zum Erlöser aus dem ewigen Tod geworden.

Wie wir uns das Leben nach dem Tod vorzustellen haben, wird im Neuen Testament nicht konkret beschrieben. Dies ist auch gut so, weil es vermutlich jegliche menschliche Vorstellungskraft sprengen und überschreiten würde.

Der Glaube an die Auferweckung der Toten und damit an die Auferweckung des Individuums, das sich auf die Kommunikation mit Jesus Christus einlässt, hat sich in der Welt weit verbreitet.

Das Christentum in Geschichte und Gegenwart – die eine Kirche und die Vielfalt der Kirchen

Es sind derzeit ungefähr 2,3 Milliarden Menschen in verschiedensten christlichen Kirchen und Gemeinschaften, die zum Christentum gehören. Es gibt auf der Welt also sehr viele Menschen, die als Christen beten, den Glauben feiern, die zweifeln, die sich in irgendeiner Art und Weise auf den christlichen Weg gemacht haben und ihn zu gehen versuchen.

Das Christentum hat sich im Laufe der Geschichte in verschiedenster Weise ausgeprägt, hat so manche Irrwege eingeschlagen, musste sich immer wieder neu am Anspruch Jesu orientieren und sich auch »reformieren«. Von Anfang an gab es Auseinandersetzungen über die richtigen Glaubensvorstellungen. Es kam zu Kirchenspaltungen etwa im Jahre 1057 zwischen Rom und Konstantinopel – die heutigen orthodoxen Kirchen gehören seither zur Ostkirche. Die römisch-katholische Kirche hat sich in Rom weiterentwickelt. Martin Luther hat mit seinen kritischen Vorschlägen die »Reformation« ausgelöst und es kam zur Spaltung der Westkirche in die Kirchen der Reformation und die römisch-katholische Kirche.

Ursprünglich hieß die Kirche nicht römisch-katholisch, sondern allgemein »katholisch«, dies bedeutet: allumfassend, alle Menschen ansprechen wollend, alle Erdteile, die gesamte Welt umfassend.

Die römisch-katholische Kirche ist in ihrer Grundstruktur mit Papst, Bischöfen, Priestern und dem Volk Gottes strukturiert. Die reformatorischen Kirchen werden durch die gewählten Mitglieder der Synoden geleitet, die ihrerseits Bischöfe wählen. Die orthodoxen Kirchen, in verschiedenen Ländern als griechisch-orthodox, rumänisch-orthodox, russisch-orthodox usw. verfasst, wählen ihre Bischöfe ebenfalls durch eine Synode. Die einzelnen orthodoxen Kirchen sind weitgehend selbstständig.

Die verschiedenen Konfessionen – evangelisch, katholisch, orthodox – haben in ihren Traditionen verschiedene Aspekte des Christentums und ihre Ausprägung in Ritualen, Festen und theologischen Schwerpunkten bewahrt. In den Konfessionen bilden sich also auch die Reichtümer des Christentums auf den staubigen Wegen der Geschichte ab – meist und leider entstanden in zum Teil dramatischen Konflikten.

Unterschiedliche Auffassungen gibt es zwischen katholischer und evangelischer Kirche beispielsweise über die Zahl der Sakramente. Sakramente sind Zeichen für die Hinwendung und Liebe Gottes zu den Menschen. Die katholische Kirche kennt sieben Sakramente: Taufe, Firmung, Eucharistie, Buße, Krankensalbung, Weihe (in den drei Stufen der Diakon-, Priester- und Bischofsweihe) und Ehe. Die evangelische Kirche geht hingegen von zwei Sakramenten aus: Taufe und Abendmahl.

Katholiken und Protestanten trennt auch die Eucharistie- und Abendmahlsfrage. Während die katholische Kirche unter Eucharistie die Verwandlung von Brot und Wein in Leib und Blut Christi versteht (dafür gibt es auch den Fachausdruck Transsubstantiation, was Wesensverwandlung bedeutet), sieht die evangelische Kirche das Abendmahl als Gedächtnismahl: Brot und Wein werden nicht verwandelt, sondern sind Zeichen der realen Gegenwart Gottes.

Die verschiedenen Traditionen zu verstehen und damit auch dem besonderen Anliegen einer christlichen Konfession und Kirche gerecht zu werden schließt allerdings auch ein, die Gemeinsamkeiten zu stärken und nicht lediglich die Unterschiede zu vertiefen. Damit würde man zu einer Möglichkeit kommen, dass das Christentum intensiver zusammenwächst und die Kirchen sich gegenseitig befruchten und ergänzen.

Die Kinder aus evangelischen, katholischen und orthodoxen Familien bringen in der Regel also verschiedene Ausprägungen des Christentums mit. Diese aufzugreifen und in der religiösen Bildung ernst zu nehmen ist heute eine wesentliche Grundkompetenz für Erzieherinnen und Erzieher.

Christliche Feste

Der christliche Weg realisiert sich in konkreten Feiern und Ritualen im Jahreskreis. Die großen Feste Weihnachten und Ostern werden entsprechend durch Vorbereitungszeiten wie Advent und Fastenzeit herausgehoben und besonders betont.

Weihnachten ist das Fest der Menschwerdung Gottes in Jesus Christus, dem Kind von Betlehem. Es unterscheidet das Christentum sowohl vom Judentum wie vom Islam, denn in diesen Religionen wird Gott nicht als der in Jesus Christus menschgewordene Gott gesehen.

Die Bedeutung des Weihnachtsfestes ist aber nur zu verstehen vom Ende des Lebens Jesu her, also von seinem Sterben am Kreuz und seiner Auferweckung von den Toten. So gesehen ist *Ostern* das erste Fest der Christen. Es ist auch ihr wichtigstes Fest.

Als den Jüngerinnen und Jüngern Jesus als der Auferweckte nach seinem Tod erschienen und ihnen so intensiv begegnet ist, dass er für sie ganz real da war, haben die Jünger zurück gefragt nach dem Beginn seines Lebens, nach den Umständen seiner Geburt und der Bedeutung seiner Geburt. Logischerweise war dann die Geburt Jesu in Betlehem die Geburt des Sohnes Gottes. Im Evangelium nach Lukas heißt es auch: Das Kind in der Krippe, »der Herr«.

Das dritte »Hochfest« des Christentums ist das *Pfingstfest*. Gefeiert werden die Gabe des Heiligen Geistes und die Geburt der Kirche, die sich daraufhin, getrieben vom Geist Gottes, selbst in alle Welt mitteilt und ausbreitet.

Wenn man das Christentum lernen und lehren will, dann ist das Feiern dieser Feste in Ritualen, Gesängen, Geschichten und liturgischen Vollzügen einer der wichtigsten Wege der Wahrnehmung und des Verstehens, aber auch der christlichen Glaubenspraxis. Gerade für Kinder sind diese Feste ein entscheidender Zugang zum Glauben.

Basiswissen Islam

von Ednan Aslan

Die Muslime sind Gläubige, die sich zum Islam bekennen.

Der Islam ist eine Religion, die im 7. Jahrhundert u. Z. von dem Araber Muhammed begründet wurde. Nach der islamischen Lehre wurde Muhammed im Jahre 602 von Gott offenbart, dass er ihn zu seinem Gesandten erwählt habe und er als solcher berufen sei, die Menschen zu dem einzigen Gott, dem Schöpfer des Himmels und der Erde, hinzuführen.

»Islam« bedeutet wörtlich »Hingabe an den Willen Gottes«, aber auch »Frieden mit sich selbst und mit Gott«.

Muhammed selbst war ein Waise aus Mekka, der als junger Mann mit den gesellschaftlich desolaten und sozial ungerechten Verhältnissen in seiner Stadt nicht zurechtkam und aus diesem Grund immer wieder die Einsamkeit der Bergwelt suchte, um dort über sich selbst und das Leben in seiner Stadt zu meditieren. Im Alter von 40 Jahren erschien ihm in einer Berghöhle, in die er sich zurückgezogen hatte, der Erzengel Gabriel, der ihm die erste Ayah (die ersten Zeichen) aus dem Koran offenbarte (Koran: 96:1–3).

Über diese Begegnung zutiefst erschrocken, flüchtete Muhammed nach Hause zu seiner Frau und weigerte sich aus Angst zunächst, seine Wohnung zu verlassen. Daraufhin erfolgte die zweite Offenbarung, in welcher er aufgefordert wurde, auf die Menschen zuzugehen und ihnen den Islam nahezubringen:

»Der du dich (mit dem Obergewand) zugedeckt hast! Stell dich auf und warne (deine Landsleute)! Und preise deinen Herrn, reinige deine Kleider und meide die Besudelung (durch Götzendienst)« (Koran: 74:1–4).

Der Koran stellt für die Muslime eine Offenbarung und das unverfälschte Wort des einen Gottes dar, der bereits Abraham und Mose wie auch Jesus bekannt war.

Der Koran besteht aus Suren (Kapitel) und Ayah (wörtlich nicht »Verse«, sondern »Zeichen«), die dem Propheten Mohammed in einer Zeitspanne von 23 Jahren durch den Erzengel Gabriel offenbart wurden. Der Erzengel Gabriel heißt im Koran auch Ruhul Quds (Heiliger Geist).

Die Offenbarung des Korans erfolgte über die Zeiten hinweg zu unterschiedlichen sozialen, politischen und wirtschaftlichen Anlässen als jeweils gesonderte Ayah an den Propheten Muhammed.

Der Koran, wie wir ihn heute kennen, ist jedoch später entstanden. Während der Zeit des Propheten wurden die Texte in erster Linie auswendig gelernt und auch auf verschiedenen Trägermaterialien (Knochen, Papyrus, Leder etc.) in loser, ungebundener Form festgehalten. Als kompaktes Buch wurde er erstmals während der Regierungszeit von Khalif Othman (644–656) gestaltet und verbreitet.

Die Offenbarung im Koran beruht in der Regel stets auf einem Offenbarungsgrund. Die im Koran erwähnten ethischen Prinzipien werden jeweils auf besondere Situationen angewandt, die »Asbab-i Nuzul« – Offenbarungsanlässe – genannt werden. Das heißt: Der Koran gibt den Menschen Antworten auf Fragen ihrer Zeit. Damit möchte ich nicht die Universalität des Korans in Frage stellen, sondern darauf aufmerksam machen, dass der Koran in einem Dialog zwischen Menschen und Gott entstanden ist. Hier treffen die Fragen der Menschen mit der Antwort Gottes zusammen. Damit sind die Fragen der Menschen genauso wichtig wie die Antworten Gottes. Die Offenbarung hat damit einen menschlichen Hintergrund und einen menschlichen Charakter.

Als Angehörige bestimmter Rechtsschulen beziehen die Muslime die Rechtfertigung für ihre religiösen Handlungen nicht direkt aus dem Koran, sondern aus ihrer jeweiligen Rechtsschule. Der Koran selbst spielt im Alltagsleben der Muslime demnach keine direkte Rolle für die religiöse Praxis. Aus dem Koran allein, ohne die Orthopraxie (rechtes Handeln), kann man den Islam nicht verstehen, denn viele Handlungen und die religiöse Praxis lassen sich nicht direkt aus dem Koran ableiten. Vielmehr verläuft diese Ableitung über verschiedene Umwege, die für die breite Mehrheit der Muslime nicht einfach nachvollziehbar ist. Der Ilmihal-Katechismus hat in der religiösen Praxis der Muslime mehr Gewicht als der Koran selbst.

Auch wenn die Muslime keine kirchenähnlichen Organisationen haben, lässt sich doch sagen, dass den Rechtsschulen bzw. Rechtsgelehrten eine ähnliche Rolle im Alltag der Muslime zukommt.

Nach dem Koran ist die religiöse Quelle der Muslime die Sunnah (Lebensweise des Propheten)

Nach dem Koran spielt die Sunnah eine zentrale Rolle in der Entstehung der islamischen Theologie. Die Sunnah hat eine beschreibende und erläuternde Funktion hinsichtlich des Koranverständnisses. Indem sie ein lebendiges Fließen zwischen Menschen und Gott herstellt, macht die Sunnah den Islam verständlich. Die im Koran festgelegte Denk- und Handlungsweise des Propheten war vom Leben vorgegeben und reflektierte unmittelbar die Offenbarung.

Der Koran weist auch auf die Rolle des Propheten Muhammed selbst hin:

»Ihr habt ja im Gesandten Allahs ein schönes Vorbild, (und zwar) für einen jeden, der auf Allah und den Jüngsten Tag hofft und Allahs viel gedenkt« (Koran: 33:21).

»Und du bist wahrlich von großartiger Wesensart« (Koran: 68:4).

Nach Muhammeds Ableben konnten seine Gefährten (Sahaba) ihn als Mensch in einer lebendigen Sunnah-Tradition den anderen Menschen nahebringen. Es war in diesem Fall keine theologische Herausforderung, nach der Sunnah zu leben, sondern eine selbstverständliche Lebensweise in einem bestimmten kulturellen und religiösen Kontext. Denn die lebendige Sunnah beruhte nicht auf den Worten des Propheten, sondern auf seiner Denk- und Handlungsweise. Nach dem Ableben der Sahaba und der Ausbreitung des Islam auf andere Kulturkreise sahen die Muslime jedoch die Gefahr, den Bezug zur Sunnah zu verlieren. Daher suchten sie nach Wegen, um die Sunnah zu schützen. Um dies zu gewährleisten, sollte diese lebendige Beziehung zur Denk- und Handlungsweise des Propheten als Dogmen formuliert werden. So kam es, dass Ende des 8. Jahrhunderts die Lebensweise des Propheten keinen lebendigen Bezug mehr zum Leben hatte, sondern zu einem erstarrten Gesetz geworden war.

Die Worte des Propheten wurden in verschiedenen Büchern festgehalten, die man als Hadith-Bücher bezeichnet. Die sechs Hauptwerke (Kutub-i Sitta) gelten als authentische Quellen für die Aussagen des Propheten Muhammed.

Woran glauben die Muslime noch?

Nach Koran und Sunnah entstand im Laufe der islamischen Geschichte eine islamische Theologie, die von unterschiedlichsten Kulturen und den sozialen Verhältnissen des jeweiligen Kontextes geprägt wurde. Auf Grundlage dieser theologischen Lehren bildeten sich verschiedene Glaubens- und Praxisschulen für die Muslime, die »Mazhab« heißen. Die Mazhab definieren nicht nur die Regeln der religiösen Praxis der Muslime, sondern auch die Glaubensinhalte, die in der islamischen Theologie »Aqidah« genannt werden. Die Praxis- und Aqidah-Mazhabs der Muslime können voneinander abweichen. Die unterschiedlichen Gebetshaltungen der Muslime in den Moscheen sind auf diese Interpretationsvielfalt im Islam zurückzuführen. Trotz dieser Vielfalt sind sich die Muslime darüber einig, woran ein Muslim glauben sollte, was den islamischen Glauben auszeichnet und allgemein verbindlich macht.

Die Glaubensgrundsätze im Islam (»Arkan-ul-Iman«)

Die Muslime haben sechs Glaubensgrundsätze, die für alle Muslime verbindlich sind. Muslime und Musliminnen, die sich zum Islam bekennen, haben diese Grundsätze zu verinnerlichen.

1. Der Glaube an Gott

»Er ist Gott, ein einziger Gott, durch und durch. Er hat weder gezeugt noch ist Er gezeugt worden. Und keiner ist Ihm ebenbürtig« (Koran: 112).

2. Der Glaube an die Engel

Die Engel sind Boten und Diener Allahs. Sie sind Vermittler der göttlichen Botschaften.

3. Der Glaube an die Bücher

Allah hat den Menschen immer wieder Offenbarungen gesandt, um den Menschen zu helfen bzw. um sie zu leiten.

»Wir glauben an Allah und was zu uns herabgesandt worden ist, und was herabgesandt ward Abraham und Ismael und Isaak und Jakob und (seinen) Kindern, und was gegeben ward« (Koran:2:136).

4. Der Glaube an die Gesandten Allahs

Im Koran werden 25 Propheten namentlich genannt. Der Glaube an die Botschaft und die Wahrhaftigkeit ist Teil des islamischen Glaubens. Jesus, Moses, Abraham, David, Muhammed und viele anderen Propheten sind Gesandte Gottes, und Gott macht keinen Unterschied zwischen ihnen.

5. Der Glaube an das Jüngste Gericht

Nach der islamischen Lehre beginnt erst mit dem Tod das ewige Leben im Jenseits (Akhira). Im Jenseits gelten Gottes Gebote. Die Menschen werden nach ihren irdischen Handlungen von Gott zur Rechenschaft gezogen, dann erst beginnt die Ewigkeit, ein Zustand jenseits aller Zeitrechnung.

»Nein, wer sich gänzlich Allah unterwirft und Gutes tut, ihm wird sein Lohn seinem Herrn gegeben. Keine Furcht soll auf solche kommen, noch sollen sie trauern« (Koran: 2:112).

6. Der Glaube an die Vorsehung Gottes

Die älteste theologische Auseinandersetzung in der islamischen Theologie entspann sich über die Frage, wie sich Gott auf Erden manifestiert – ob der Mensch aus seiner Freiheit heraus handelt oder Gott seine Handlungen bestimmt. Die Mehrheit der Muslime glaubt daran, dass der Mensch aus seiner Freiheit heraus handelt und die Verantwortung für seine Handlungen trägt. In seiner Allwissenheit und seiner allumfassenden Vorausschau weiß Gott jedoch um die Handlungen des Menschen. Daran zu glauben, dass Gott die Handlungen der Menschen kennt, stellt einen Glaubensinhalt der Muslime dar.

»Sein ist alles, was vor uns und was hinter uns ist und was dazwischen; und dein Herr ist nicht vergesslich« (Koran: 19:64).

Diese Glaubensinhalte verpflichten die Muslime zu bestimmten religiösen Praktiken, die wir als die »Fünf Säulen des Islam« kennen. Diese Säulen werden nicht direkt aus dem Koran, sondern vielmehr aus der Sunnah des Propheten abgeleitet.

Die religiöse Praxis der Muslime (Die »Fünf Säulen des Islam«)

Ob ein Muslim nach den Glaubensgrundsätzen des Islam handelt oder nicht, ist seine eigene Entscheidung. Solange er jedoch diese nicht ablehnt, gilt er auch ohne Glaubenspraxis als Muslim.

Muslime und Musliminnen, die ihre Religion ernst nehmen, haben bestimmte religiöse Pflichten zu erfüllen.

1. Das Ablegen des Glaubensbekenntnisses

Ein Muslim bekennt sich zur Einheit Gottes und der Prophetie des Muhammed. Durch dieses Bekenntnis wird ein Mensch Muslim und durch die Ablehnung dieses Bekenntnisses tritt er aus dem Islam aus. Ein- und Austritt werden im Islam nicht institutionell registriert. Der Mensch allein trägt die Verantwortung Gott gegenüber.

2. Das rituelle Gebet

Das fünfmalige Gebet ist eine wichtige Glaubenspraxis der Muslime. Zum Gebet werden sie zu verschiedenen Tageszeiten gerufen. In den islamischen Ländern werden die Gebetszeiten durch den Azan (Gebetsruf) bekanntgegeben. Verschiedene Gebetskalender und weitere moderne Kommunikationsmittel ermöglichen den Muslimen ebenfalls, sich über die Gebetszeiten zu informieren.

»Und verrichte das Gebet an den beiden Enden des Tags, und in den Stunden der Nacht (die dem Tage näher sind). Wahrlich, die guten Werke vertreiben die bösen. Das ist eine Ermahnung für die Nachdenklichen« (Koran: 11:114).

3. Die Almosen (Zakat)

Die eigentliche Bedeutung des Wortes »*Zakat*« ist »Reinigung« bzw. »Wachstum«. Ein Muslim glaubt daran, dass er durch Zakat sein Vermögen rituell reinigt und dadurch den Segen Gottes erhält. Für das Alltagsleben bedeutet dies, dass ein bestimmter Anteil von Besitztümern an bedürftige Menschen gespendet werden soll. Dieser Prozentsatz beträgt 2,5 % des Vermögens, über das ein Mensch verfügt. Diese Abgabe wird institutionell nicht kontrolliert, der Mensch trägt Gott gegenüber die alleinige Verantwortung. In Europa wird Zakat von den islamischen Vereinen organisiert. Es gibt zahlreiche islamische Hilfsorganisationen, die auf die Zakat-Abgabe der Muslime angewiesen sind.

4. Fasten im Monat Ramadan

Ebenfalls aus dem Koran abgeleitet wird das Gebot, dass die Muslime im Monat Ramadan fasten sollten, wobei dies für die Zeit von Sonnaufgang bis Sonnenuntergang gilt. Während dieser Zeit sind den Muslimen Essen, Trinken und Geschlechtsverkehr untersagt. Reisende, Kranke, ältere Menschen, stillende Mütter und Kinder sind von dieser Vorschrift allerdings nicht betroffen.

»Ihr Gläubigen! Euch ist vorgeschrieben zu fasten, so wie es auch denjenigen vor euch vorgeschrieben worden ist. Damit ihr Selbstbeherrschung lernt. Eine bestimmte Anzahl von Tagen...und wenn einer krank ist oder sich auf einer Reise befindet, soll eine Anzahl anderer Tage dies ersetzen. Gott will es euch leicht machen, nicht schwer« (Koran: 2:183–187).

5. Pilgerfahrt nach Mekka

An der jährlich stattfindenden Pilgerfahrt (*Hadsch*) müssen alle Muslime, sofern sie körperlich und finanziell dazu in der Lage sind, einmal im Leben teilnehmen. Nach Mekka zu pilgern gilt für Muslime als besondere Ehre, und die Muslime glauben daran, durch die Pilgerfahrt von allen Sünden befreit zu werden. Die Pilgerfahrt beinhaltet verschiedene Rituale, an die es sich zu halten gilt. Höhepunkt der Pilgerfahrt sind das Gebet auf dem Berg Arafat und das siebenmalige Umkreisen der Kaaba (Tawaf). Die Kaaba, die vom Propheten Abraham und seinem Sohn Ismael auf Befehl Gottes errichtet wurde, gilt als der erste Tempel des einen Gottes auf Erden.

Islamische Ethik

Die »Fünf Säulen des Islam«, die rituellen Pflichten der Muslime, stehen im Zentrum des Islam und stellen sowohl die moralischen als auch die ethischen Verpflichtungen der Muslime dar. Ohne moralische Grundhaltungen gelten diese Rituale nach dem Koran als bedeutungslos:

»Das ist derjenige, der die Waise zurückstößt, und nicht zur Speisung des Armen anhält. Wehe nun den Betenden, denjenigen, die auf ihre Gebete nicht achten, denjenigen, die dabei (nur) gesehen werden wollen; und die Hilfeleistung verweigern!« (Koran: 107:2–7).

Durch die Politisierung des Islam stehen die ethischen Regeln des Islam leider stets im Schatten der politischen Diskussionen. Der Islam wird daher allein als Gesetzesreligion wahrgenommen, ungeachtet dessen, dass im Koran und in den authentischen Quellen des Islam die ethischen Werte immer vor diesen Ritualen stehen:

»Nicht darin besteht die Güte, dass ihr eure Gesichter gen Osten oder Westen wendet. Güte ist vielmehr, dass man an Allah, den Jüngsten Tag, die Engel, die Bücher und die Propheten glaubt und vom Besitz – obwohl man ihn liebt – der Verwandtschaft, den Waisen, den Armen, dem Sohn des Weges, den Bettlern und für (das Loskaufen von) Sklaven hergibt, das Gebet verrichtet und die Abgabe entrichtet; und diejenigen, die ihre Verpflichtung einhalten, wenn sie eine eingegangen sind, und diejenigen, die standhaft bleiben in Not, Leid und in Kriegszeiten, das sind diejenigen, die wahrhaftig sind, und das sind die Gottesfürchtigen« (Koran: 2:177).

Muslimische Feste

Die Muslime feiern zwei wichtige Feste: Ramadan und Opferfest. Das Fest des *Ramadan* wird am Ende des Fastenmonats Ramadan gefeiert. Es beginnt mit einem besonderen

Festgebet in der Moschee am ersten Tag des Festes. Die Zahl der Muslime, die an diesem Gebet teilnehmen, ist sehr hoch. Sogar Muslime, die in der Regel auf die Verrichtung ihrer Gebete verzichten, legen Wert darauf, an diesem Festgebet teilzunehmen.

Ein weiteres wichtiges Fest ist das *Opferfest*, das am zehnten Tag des Wallfahrtsmonats (Zul Hidschaa) gefeiert wird. Das Opferfest beginnt wie das Ramadanfest mit einem Festgebet in der Moschee. Dieses Fest erinnert an die Bereitschaft Abrahams, seinen Sohn Ismail Gott zu opfern.

Dem Festgebet folgt die rituelle Schlachtung (Schächtung) der Opfertiere, die mit dem Kopf in Richtung Mekka gelegt und nach festgelegten Regeln vom ältesten männlichen Familienmitglied geschlachtet werden.

Darüber hinaus haben die Muslime verschiedene heilige Tage und Nächte, die je nach ihrem kulturellen Hintergrund unterschiedlich gefeiert werden.

Strömungen im Islam
Schiiten und Sunniten

Die Spaltung unter den Sunniten und Schiiten reicht in die Anfangszeit des Islam zurück, als ein Streit um die legitime Nachfolge des Propheten Muhammad entbrannte. Die Schiiten glauben, dass die Prophetennachfolge nur über einen Nachfahren Ali Ibn Abi Talibs, den Schwiegersohn und Cousin des Propheten Muhammad, erfolgen kann, da dieser als einziger göttlich legitimiert sei. Nach der sunnitischen Lehre ist jedoch Khalif Abu Bakr der legitime Nachfolger des Propheten, der sogar von Prophet Muhammad für diese Aufgabe delegiert wurde.

Aus diesem Nachfolgerstreit sind sunnitische und schiitische Lehre in der islamischen Theologie entstanden. Die Mehrheit der Muslime sind Sunniten. Auch die größte Gruppe unter den Muslimen in Deutschland bilden mit 74 Prozent die Sunniten; 7 Prozent sind Schiiten.

Aleviten

Das Alevitentum entstand zwischen dem 13. und 16. Jahrhundert in Ostanatolien. Seine Theologie hat sich aus dem schiitischen Islam entwickelt. Ein weiterer wichtiger Faktor des Alevitentums ist der mystische Sufi-Orden der Bektaschiye, welcher die Glaubensgrundlage der heutigen alevitischen Mehrheit bildet. Ergänzt wird die Ali-Verehrung und die Nähe zum Sufismus durch pantheistische Glaubenselemente. Aleviten sind sehr gespalten, was ihre Eigendefinition angeht: Während sich eine Gruppe als Muslime betrachtet, versteht sich eine andere als eigenständige, vom Islam unabhängige Bekenntnisgemeinschaft. Die Aleviten, die sich mehrheitlich als Muslime verstehen, stellen mit einem Anteil von 13 Prozent die zweitgrößte muslimische Glaubensgruppe in Deutschland dar.

Salafismus

Das Wort Salafismus leitet sich vom arabischen Wort »Salafiyya« ab und bedeutet eine islamische Bewegung, deren Anhänger sich an der religiösen Praxis und den überlieferten

Handlungen des Propheten Muhammad und der ersten drei Generationen von Muslimen orientieren. Der Salafismus ist eine sehr heterogene, transnationale Bewegung, die nicht im Sinne einer Organisation, sondern eher in der Bedeutung eines »Gedankengutes« unter den Muslimen zu verstehen ist.

Die Vielfalt der Muslime in Europa

In Europa leben Muslime aus den unterschiedlichsten Kulturkreisen. Es ist nicht immer einfach, die religiösen und kulturellen Traditionen auseinanderzuhalten. Das ist nicht nur für Nichtmuslime ein Problem, sondern auch für Muslime. Neben dieser Tatsache ist andererseits auch zu beobachten, dass die hier aufwachsenden Muslime versuchen, ihre Religion aus ihrem eigenen europäischen Kontext heraus zu prägen.

Ein Islam europäischer Prägung wird zwar seinen Grundsätzen treu bleiben, sich aber in der Praxis und Erscheinung von der in den islamischen Ländern gepflegten Form unterscheiden. Dieser gesellschaftliche Wandel gilt nach islamischer Lehre als selbstverständlicher Aspekt der islamischen Religion, dessen Notwendigkeit sogar ausdrücklich hervorgehoben wird.

Die eigenen Kompetenzen erproben und einüben

▶ Beantworten Sie noch einmal die zu Beginn des Kapitels gestellte Frage: Glauben Christen und Muslime an denselben Gott?

▶ Nennen Sie drei wichtige Gemeinsamkeiten und drei wichtige Unterschiede zwischen Judentum, Christentum und Islam.

▶ Welche Unterschiede und welche Gemeinsamkeiten könnten für Kinder besonders wichtig sein?

Zum Weiterlesen

Martin Affolderbach / Inken Wöhlbrand (Hrsg.), Was jeder vom Islam wissen muss, Gütersloh [8]2011.

Christina Kayales (Hrsg.), Was jeder vom Judentum wissen muss, Gütersloh [9]2005.

Michael Meyer-Blanck / Walter Fürst (Hrsg.), Typisch katholisch – Typisch evangelisch: Ein Leitfaden für die Ökumene im Alltag, Freiburg [3]2009.

Doris Ziebritzki, Wir wollen zusammen feiern: Feste der Weltreligionen im Kindergartenjahr, Freiburg 2012.

7.

Zum Beispiel »Rituale mit Kindern«
und »Kindertheologie«
Kindern Erfahrungen mit
Religion ermöglichen

Zu den Grundaufgaben der religiösen Bildung gehört es, Kindern Erfahrungen mit Religion zu ermöglichen. Dazu gibt es zahlreiche Möglichkeiten, die in entsprechenden Handreichungen beschrieben werden.

▸ Am weitesten verbreitet sind *Geschichten*, die vorgelesen oder erzählt werden.
▸ *Begegnungen* mit in religiöser Hinsicht besonders interessanten Orten wie Kirchen, Moscheen und Synagogen gehören ebenso dazu. In diesem Zusammenhang kommt es vielleicht zu Begegnungen mit Menschen, die von ihrer Prägung durch eine Religion und von ihrem Glauben berichten. Weiterhin können mit den Kindern natürlich auch Gottesdienste besucht oder Pfarrer, Rabbiner und Imame in die Kita eingeladen werden.

Es ist an dieser Stelle natürlich nicht möglich, die ganze Breite praktischer Vorgehensweisen und Beispiele vorzuführen. Stattdessen konzentrieren wir uns auf zwei Beispiele – Rituale mit Kindern und Kindertheologie –, die hier entfaltet werden sollen. Dieses Kapitel enthält deshalb zwei Teile, die jeweils auf eines dieser beiden Beispiele bezogen sind.

Rituale mit Kindern

Rituale gehören zum festen Bestandteil des Kita-Alltags. Nachdem Rituale lange Zeit – vor allem in der Pädagogik der 1960er- und 1970er-Jahre – in Verruf waren, wird heute wieder ganz allgemein anerkannt: Ohne Rituale geht es nicht!

Aber was sind eigentlich Rituale? Bei Ritualen geht es um Handlungen, die etwas Tieferes zum Ausdruck bringen als nur die Handlung selbst, nämlich Handlungen mit Symbolwert, die sich immer wieder wiederholen. Sie kreisen um ein Thema oder schaffen eine wiederkehrende Situation – wie zum Beispiel ein Morgenritual den Tag eröffnet und ihm eine Struktur gibt. Rituale helfen den Kindern, die Kommunikation zu strukturieren und die Welt der Bedeutungen zu erschließen. Durch klare Struktur, Verlässlichkeit, Wiederholung und Symbolwert helfen Rituale Kindern auch bei ihrer kognitiven Entwicklung. Rituale schaffen emotionale Verbundenheit und Stabilität. Kinder erfahren durch Rituale Sicherheit, zudem können sie mit Ideen und Handlungen an Ritualen teilhaben. Deshalb sind Kinder für Rituale auch leicht zu begeistern.

Eine professionelle Begleitung braucht Ritualkompetenz aufseiten der Erzieherinnen. Man kann lernen, entsprechende Rituale selbst zu verstehen, kritisch zu hinterfragen und sie dann entsprechend konsequent anzuleiten.

Wichtig ist der Unterschied zu reinen Routinehandlungen. Hans Werner Schied erklärt den Unterschied so: »Routinehandlungen sind keine Rituale, denn sie enthalten keinen Symbolwert religiöser oder sozialer Art, der über den Handlungsaspekt hinausgeht. Rituale haben Ritualelemente, häufig einen Mythos, immer Symbole, sie bestehen aus einer Handlung, aus Formalisierung, Wiederholung, vermitteln eine Botschaft, wirken sowohl im verbalen wie im nonverbalen Bereich, finden unter besonderen zeitlichen und räumlichen Rahmenbedingungen statt und die Teilnehmer übernehmen bestimmte Rollen [...].«[1]

Aufgabe

In vielen Kitas beginnen die Kinder den Vormittag in einem Morgenkreis. Kinder und Erzieherinnen sitzen dabei im Kreis zusammen und starten gemeinsam in den Tag. Man kann den Morgenkreis zu einer Routinehandlung machen oder als Ritual bege- hen – je nachdem, wie er gestaltet wird. So selbstverständlich es Ihnen erscheint, den Tag im Morgenkreis zu beginnen – es lohnt sich, über die Frage des »Wie?« und »Warum?« nachzudenken. Denn wenn Sie ein Ritual reflektieren, wird es Ihnen leichter fallen, Kinder dazu anzuleiten. So wird aus dem Morgenkreis dann auch ein wertvolles Ritual und nicht nur eine Routinehandlung.

Gehen Sie am Beispiel des Morgenkreises folgenden Fragen nach:

▶ Welche Erfahrungen haben Sie mit dem Morgenkreis gemacht? Welche Symbole, Lieder, Geschichten, Texte, kurze Gedanken oder Handlungen haben Sie dafür vorgesehen oder bereits erprobt?

▶ Wann entspricht der Morgenkreis einer Routinehandlung, wann einem Ritual?

▶ Auf welchen verschiedenen Lernebenen kommen Kinder miteinander in Kontakt?

▶ Welche religiösen Impulse können Kinder im Morgenkreis-Ritual aufnehmen?

Grundinformationen

Warum Rituale wichtig sind

Riten und Rituale leiten sich vom indoeuropäischen Wort »rta« ab, was »Ordnung« be- deutet: »Erst das ordnungsgemäße Handeln strukturiert das Chaos der Welt und verwan- delt Unordnung in Ordnung. Geregeltes Handeln drängt aber auch auf Wiederholungen, um die geschaffene Ordnung wiederherzustellen, aufrechtzuerhalten oder zu verfestigen. Dies alles geschieht nicht in einem abgetrennten ›religiösen‹ Raum, sondern bezieht sich auf die Gesamtheit der Lebenswelt.«[2]

---

[1] Hans Werner Schied, Lebensmut contra Lebensangst: Rituale in religiöser Erziehung aus psychotherapeu- tischer Sicht, in: Albert Biesinger / Herbert Bendel (Hrsg.), Gottesbeziehung in der Familie: Familienkatecheti- sche Orientierungen von der Kindertaufe bis ins Jugendalter, Ostfildern 2000, 73–85, 79f.

[2] Klaus Hock, Einführung in die Religionswissenschaft, Darmstadt 2002, 120.

Kinder werden folglich von sich wiederholenden ritualisierten Regeln und Handlungen nicht nur in religiöser Hinsicht geprägt. Rituale sind für die umfassende Ich-Entwicklung des Kindes wichtig. Die prägende Kraft der Rituale hängt auch mit deren Wiederholungscharakter zusammen: »Das regelmäßig Wiederkehrende gibt uns Sicherheit und Kraft: Wahrnehmung und Erfahrung, die identitätsstiftend sind, gibt es nur in der Wiederholung.«[3] Da im Prozess von Lernen und Einspeicherung von Gedächtnisinhalten Gefühle eingebunden sind und später in ähnlichen Situationen wieder abgerufen werden können, begleiten Rituale uns durch das Leben und erinnern an die Gefühle aus der Kindheit.

Rituale sind ebenfalls an Schwellen des Lebens hilfreich: »Rituale sind dabei Strategien der Selbstvergewisserung, sie nehmen die Angst: Die Selbstverständlichkeit wiederholter Rituale vermittelt das Gefühl des Eingebundenseins, der Zugehörigkeit, der Zuversicht, dass das Leben gut gehen und gelingen kann, und dass die Bedrohungen des Lebens nicht unüberwindlich sind.«[4]

Indem Rituale oft in einer Gruppe realisiert werden, wird die Verbundenheit zwischen Individuum und Gruppe deutlich. So werden Rituale im Kita-Alltag zu einem wichtigen Element, was Gruppendynamik und Sozialverhalten der Kinder betrifft.

Rituale sind nicht nur für Kinder, sondern auch später für Erwachsene bedeutsam. Rituale können positive Kindheitserinnerungen aktivieren und das Gefühl der Sicherheit und des Aufgehobenseins hervorrufen. (→ vgl. Kapitel 4). Gleichzeitig sind Rituale eine gute Gelegenheit für Eltern, ihren Kindern jene positiven Gefühle zu vermitteln, die sie selbst in ihrer Kindheit erfahren und als gewinnbringend für ihr Leben reflektiert haben.[5]

Zu kritisieren ist, dass Rituale an wichtigen Stationen des Lebens fehlen. Viele Zäsuren in den individuellen Biografien »werden nicht mehr durch Rituale eingeleitet oder abgeschlossen; dies macht das Leben schwieriger – es verliert an Ordnung und an Höhepunkten. Wir verlieren dadurch an Sicherheit.« Sakramente wie etwa die Taufe »haben auch als kirchliche Rituale eine große Chance, wenn sie mit den Ritualteilnehmern zusammen entwickelt werden und damit auch die Lebensgeschichte und die Bedürfnisse der Betroffenen berücksichtigen.«[6]

Bezogen auf die Kita-Arbeit stellen Rituale eine wichtige Möglichkeit dar, die Gottesbeziehung zu vergegenwärtigen und zu leben. In einem täglich realisierten Morgenritual können die Kinder Vertrauen zu Gott erfahren – sie haben ein Grundvertrauen, dass sie von Gott geliebt sind und er sie im Leben begleitet. Ein entsprechendes Ritual könnte beispielsweise sein: Die Kinder gestalten einen Regenbogen, indem sie die Tücher mit dem Farbenspektrum des Regenbogens auf den Boden legen. In der Mitte wird eine Kerze

---

[3] Hans Werner Schied, Lebensmut contra Lebensangst: Rituale in religiöser Erziehung aus psychotherapeutischer Sicht, in: Albert Biesinger / Herbert Bendel (Hrsg.), Gottesbeziehung in der Familie: Familienkatechetische Orientierungen von der Kindertaufe bis ins Jugendalter, Ostfildern 2000, 73–85, 74.
[4] Ebd., 75.
[5] Ebd., 79.
[6] Ebd., 83f.

angezündet und die Kinder unterhalten sich darüber, was ihnen zu den verschiedenen Farben einfällt und was ihnen die Kerze bedeutet. Dadurch wird die Fantasie der Kinder angeregt. Es ist wichtig, sie mit ihren Aussagen und Einfällen positiv zu würdigen, um ihnen Mut zu machen, selbst Bedeutungen zu finden und zu formulieren. Will man nämlich die religiöse Kompetenz der Kinder anregen, dann verläuft dies altersgemäß über sinnliche Wahrnehmungen sowie über Phänomene, die ihnen bereits zugänglich sind und sich Schritt für Schritt komplexer verstehen und deuten lassen.

Wenn man dieses konkrete Ritual aber monatelang beibehielte, verlöre es seinen pädagogischen Wert. Kinder sind neugierig auf Neues und auf andere Zugänge zur Wirklichkeit. Nicht ausgeschlossen ist jedoch, das Ritual mit den Tüchern im Zyklus des Regenbogens nach einigen Wochen wieder gemeinsam zu realisieren – womöglich hat sich der Blickwinkel der Kinder auf den Regenbogen verändert.

Auch wenn die Wiederholung zu den Grundzügen eines Rituals gehört, heißt es nicht, dass innerhalb fester Strukturen einzelne Inhalte nicht variieren können – im Gegenteil. Der äußere Rahmen eines Rituals soll statisch sein und so Halt und Orientierung geben. Innerhalb des Rahmens soll aber bewusst Abwechslung stattfinden. So bietet es sich an, etwa Jahreszeiten und den kirchlichen Jahreskreis aufzugreifen oder weitere kreative Gestaltungsmöglichkeiten in den Ritualen zum Ausdruck zu bringen.

Ein anderer wichtiger Bereich von Ritualen sind Versöhnungsrituale. Da Kinder immer wieder untereinander in Konflikte geraten und sich streiten – mal geht es um Spielzeug, mal um Aufmerksamkeit, mal um Freundschaften, mal um Rivalitäten usw. –, ist es besonders wichtig, Wege zur Klärung von Konflikten einzuschlagen und Versöhnungsrituale zu entwickeln.

Ein grundlegendes Versöhnungsritual ist, wenn Kinder nach einem entsprechenden Gespräch über den Konflikt sich am Ende die Hand zur Versöhnung reichen. Die ausgestreckte Hand wird von vielen Kindern als Versöhnung empfunden: »Jetzt ist es wieder gut und wir sind wieder Freunde.«

Indem Rituale möglichst ein Gleichgewicht zwischen Vertrautem und Überschaubarem sowie Neuem und Unsicherem herstellen, sind sie besonders bei Situationen des Übergangs hilfreich – von diesen gibt es im Kita-Alltag viele. Die Aufnahme eines Kindes in die Kita oder die Verabschiedung der Kinder in die Schulzeit stellen wichtige biografische Zäsuren dar, die durch stimmige Rituale die Lust der Kinder auf das Neue wecken und ihnen die Angst vor dem Ungewissen nehmen sollten. Zugleich bieten sie die Möglichkeit, Dankbarkeit auszudrücken und sich bei Erzieherinnen und den anderen Kita-Kindern zu verabschieden.

Rituale und interreligiöse Begegnungen

Nicht nur Erzieherinnen in Kitas christlicher Trägerschaft, auch Erzieherinnen in kommunalen Kitas sollten mit den Eltern, die verschiedene religiöse Wege gehen, über Rituale sprechen. Es ist wichtig, diese Rituale mit den Eltern entsprechend abzustimmen. Rituale müssen für den jeweiligen religiösen Weg stimmig sein. Je nach Zusammensetzung der Kindergruppe bietet es sich an, sich mit den Ritualen interreligiös abzuwechseln und sie aus der Sicht von christlichen, muslimischen, jüdischen oder Kindern ohne religiöses Bekenntnis entsprechend zu gewichten. So bekommen alle Kinder – trotz unterschiedlicher Ausgangslagen – die Chance, Zugehörigkeit zu erleben.

Bei der Sankt-Martins-Feier beispielsweise bietet es sich an, eine Brücke zu anderen Religionen zu bauen, indem den Kindern erklärt wird, dass die Idee des Teilens in den meisten Religionen sehr wichtig ist und sich zum Beispiel auch in den fünf Säulen des Islam findet. Zu Kindern mit türkischem Hintergrund kann der Nikolaus, der in die Kita kommt, oft auch deswegen schnell eine Brücke bauen, wenn er sagt, dass er aus Myra kommt – einer Stadt in der Türkei, die heute Demre heißt.

Es gibt Gebete, die sich an Gott als Schöpfer der Welt richten und die interreligiös stimmig und gehaltvoll sind. Aber im Rahmen eines Gebetsrituals kann Schritt für Schritt auch folgende Vorgehensweise versucht werden: An einem Tag beten die christlichen Kinder in ihrer Gebetshaltung – und die muslimischen und jüdischen Kinder nehmen am christlichen Gebet beobachtend teil. An einem anderen Tag beten die muslimischen Kinder, wieder an einem anderen Tag die jüdischen Kinder in ihrer jeweiligen Gebetshaltung – und die anderen Kinder nehmen daran beobachtend teil.

Dies ist vielleicht ein Höhepunkt der interreligiösen Bildung, wenn Kinder verstehen lernen, wie und warum andere anders beten, sie umgekehrt aber auch ihre eigene Gebetshaltung und ihre eigenen Gebete transparent machen können. Das, was andere anders machen, und die Gründe hierfür interessieren Kinder meistens. Es beschäftigt sie und sie erwerben Schritt für Schritt weitere Kompetenzen zur Realisierung und zum Verständnis der eigenen und der anderen Religion.

Diese Idee sollte aber dringend im Vorfeld mit den Eltern der Kinder abgesprochen werden. Es ist zugleich eine hervorragende Gelegenheit, die religiöse und interreligiöse Verständigung mit den Eltern zu vertiefen und sie in einen Reflexionsprozess hinein zu begleiten, den sie ohne ihre Kinder vermutlich so nicht machen würden.

Auch hier gilt die These: »Auf die Eltern kommt es an!« Die Ergebnisse unseres Forschungsprojektes[7] sprechen eine eindeutige Sprache. Solche Rituale ohne Dialog und Kooperation mit den Eltern einführen zu wollen, ist kontraproduktiv. Die Kinder erzählen zu Hause, was sie tagsüber in der Kita erlebt haben. Die Eltern können Manches vielleicht nicht richtig einordnen, sodass unnötige Konflikte vorprogrammiert sind. Umgekehrt kann es für Eltern eine Freude sein, wenn sie merken, wie sensibel und umsichtig mit dem Phänomen seitens der Kita umgegangen wird. Auch möchte nicht jede christliche Erzieherin beispielsweise das muslimische Gebet anleiten. Hier bietet es sich an, ein

---

7 Albert Biesinger/Anke Edelbrock/Friedrich Schweitzer (Hrsg.), Auf die Eltern kommt es an! Interreligiöse und interkulturelle Bildung in der Kita, Münster 2011.

muslimisches Elternteil in die Kita einzuladen, das die muslimischen Kinder anleitet und die Fragen der Kinder beantwortet.

Eine andere Herausforderung ist es, sich den Kindern zu widmen, die das Beten nicht kennen und deren Eltern bewusst nicht religiös sind. Wie kommen sie mit einem solchen Ritual zurecht? Nehmen sie am Beten teil? Erhalten sie die Chance, mitzuerleben, wie andere Kinder beten und warum und wie genau sie beten? Sie müssen gleichzeitig aber auch die Möglichkeit erhalten, nicht mitbeten zu müssen. Sie können also auch darin unterstützt werden, einfach nur zuzuhören und keine Gebetshaltung einzunehmen.

Diesen Herausforderungen sollten sich die Erzieherinnen dringend stellen. Die Zahl der Kinder, die in einem säkularen Elternhaus aufwachsen, nimmt zu, sodass auch diese Gruppe analog zu den Kindern anderer Bekenntnisse gewürdigt und ernst zu nehmen ist. Allerdings darf es nicht so weit kommen, dass das Beten generell tabuisiert wird, weil eine Gruppe davon nichts hält oder keine Erfahrungen damit hat. Dies würde zu einer Ausgrenzung von religiösen Ritualen führen. Zwar ist Religion etwas Persönliches, aber nicht in dem Sinne, dass sie nur im privaten Raum stattfinden soll. Im Gegenteil: Nach dem Grundgesetz der Bundesrepublik Deutschland gibt es ein Recht auf freie Religionsausübung. Dieses Grundrecht ist im vierten Artikel des Grundgesetzes festgehalten (→ vgl. S. 24).

Dieses Grundrecht gilt selbstverständlich auch für die Kindertagesstätte und für Kinder in diesem Alter – und beginnt nicht erst mit dem Religionsunterricht in der Grundschule oder in den weiterführenden Schulen. Damit es zu keinen unnötigen Konflikten mit den Eltern kommt, sind entsprechende Absprachen mit den Eltern und, je nach Zusammensetzung der Gruppe, eine entsprechende Binnendifferenzierung notwendig.

Wenn Kinder bei Ritualen nicht mitmachen wollen, sollten die Erzieherinnen damit sensibel umgehen und Kinder auf keinen Fall übermächtigen oder zur Ausgrenzung der Kinder beitragen. Für Kinder können Rituale anfänglich schwierig sein, wenn sie beispielsweise ruhig sitzen bleiben sollen und eine Weile lang nur Stille angesagt ist. Dies ist aber ein ganz üblicher Lernprozess. Rituale lernen Kinder durch Partizipation an Ritualen. Es ist pädagogisch nicht sinnvoll, von vornherein einen anspruchsvollen Standard vorauszusetzen. Dieser entwickelt sich Schritt für Schritt und oft nur langsam. In der Regel sind Kinder aber auf solche Rituale neugierig und lassen sich nach einiger Zeit darauf ein. Die Rückmeldungen der Kinder auf Rituale sind meistens sehr positiv. Oft erinnern sie sich noch viele Jahre später an die Rituale in der Kita-Zeit.

Aufgrund der hohen Bedeutung, die Rituale sowohl für die kindliche Entwicklung als auch für die Langzeitwirkung mit Blick auf Resilienz haben, ist festzuhalten: So wie Kinder an andere Lernaufgaben herangeführt werden (müssen), so gilt dies auch für Rituale. Sie sind kein Selbstläufer, sondern eine wichtige pädagogische Situation – vergleichbar mit vielen anderen anspruchsvollen Tätigkeiten in der Kita, die eine bestimmte Qualität und Intensität haben.

Wie können Eltern für Rituale motiviert werden?

Beim Elternabend ist unbedingt über die in der Kita vorgesehenen und erprobten Rituale zu sprechen. Es ist wichtig, Rituale gemeinsam mit den Eltern zu besprechen und ihnen die positive Kraft von Ritualen zu verdeutlichen. Den Eltern sollte kommuniziert werden:

▶ Rituale stärken Ihr Kind.
▶ Rituale geben Ihrem Kind Sicherheit.
▶ Rituale vertiefen Bedeutungen und unterstützen die kognitive Entwicklung Ihres Kindes.
▶ Rituale drücken den Sinn des Lebens aus. Sie ermöglichen eine sinnorientierte Bildung.
▶ Religiöse Rituale erschließen Kindern ihre Beziehung zur Transzendenz, zum Göttlichen. Sie geben den verschiedenen religiösen Wegen Ausdruck.

Eltern machen mit ihren Kindern oft die Erfahrung, dass sie unruhig, unkonzentriert und abgelenkt sind. Wenn man Eltern die heilsame Wirkung von qualitativ reflektierten und emotional sensibel realisierten Ritualen erschließt, sind sie in der Regel dankbar für die Grundinformationen. Dabei geht es auch um mehr: Eltern sollen nicht nur kennenlernen, wie Erzieherinnen in der Kita Rituale realisieren und entwickeln. Eltern können durch die Auseinandersetzung mit der Bedeutung von Ritualen auch alltagstaugliche Rituale für die eigene Familie entdecken, diskutieren und erproben. Gerade weil religiöse Erziehung alltagstauglich sein sollte und nicht die sowieso schon vorhandenen Leistungsansprüche der Eltern noch verschärfen darf, ist es wichtig, die Bedeutung von Ritualen, die entlastend, beruhigend, Kommunikation strukturierend, deeskalierend, konfliktlösend und versöhnend sind, auch für die eigene Familie zu entdecken und hier zu erproben.

Rituale im Kontext interreligiöser Bildung

Gerade in den verschiedenen Ritualen wird interreligiöse Bildung speziell relevant. Will man nämlich die innerste Argumentation eines religiösen Weges verstehen, dann sind Rituale in der Regel sehr aussagekräftig. Dies zeigt sich an den Gebetsritualen, an den Ritualen zu den großen Festen wie Weihnachten, Ostern, Pfingsten, Ramadan, Pessach etc. Immer kulminieren religiöse Bedeutungen und Vorstellungen im Vollzug dieser religiösen Feste, denn diese versuchen, ein zentrales Geheimnis des entsprechenden religiösen Weges kommunikativ aufblühen und in der Feier die Gottesbeziehung konkret werden zu lassen.

In der Regel sind Kinder neugierig genug, um Rituale der eigenen ebenso wie die der anderen Religion kennenlernen zu wollen. Sie stellen wichtige Fragen, wie zum Beispiel:

Warum schweigen die einen beim Gebet, warum reden die anderen? Warum falten die einen beim Beten die Hände, warum beten manche Menschen gar nicht?

Wenn es Kindern schwerfällt, einen Zugang zu religiösen Ritualen zu gewinnen, dann ist es manchmal leichter, wenn sie einzeln miteinander sprechen: Ein christliches Kind unterhält sich mit einem muslimischen Kind über Weihnachten und Ramadan. Die Kinder erzählen davon, was sie bereits wissen oder was sie bisher verstanden oder mitgefeiert haben. In der Regel bleibt bei weiteren Fragen die Möglichkeit, von den Erzieherinnen Unterstützung und komplexere Hinweise zu bekommen.

Natürlich gilt es auch hier, die Kompetenz der Eltern einzubinden. Es ist authentischer und den Kindern besser vermittelbar, wenn ein Muslim über das Beten im Islam berichtet, die genauen Regeln erklärt – und was das für die Sozialisation des Kindes bedeutet.

Kindertheologie

Was ist ein kindertheologisches Gespräch?

Zunächst kann man es befremdlich finden, wenn man aus Kindern kleine Theologinnen und Theologen machen will. »Theologie« ist eine Bezeichnung für die Wissenschaft von Gott. So wie die Biologie die Wissenschaft vom Leben und Geologie die Wissenschaft von der Erde ist, so stellt Theologie die Wissenschaft von Gott dar.

»Theos« (griechisch) ist auf Deutsch mit »Gott« zu übersetzen.

Kinder können keine Theologinnen und Theologen im akademischen Sinne sein. Von daher gesehen ist es wichtig, sich über den Anspruch des Begriffs »kindertheologisches Gespräch« klar zu werden. Kinder stellen große, theologisch zentrale Fragen:

▶ Warum müssen wir sterben?
▶ Warum lässt Gott das Leid zu?
▶ Warum sind wir überhaupt auf der Welt, wenn wir sowieso wieder sterben müssen?
▶ Wo wohnt Gott?
▶ Gibt es Gott überhaupt, man kann ihn doch gar nicht sehen?
▶ Wenn ich zu Gott bete, bekomme ich keine Antwort – oder vielleicht doch?

Aufgabe

Ein Kind fragt Sie: Wie sieht Gott eigentlich aus?
Formulieren Sie mögliche Antworten, die das eigene Fragen und Nachdenken des Kindes unterstützen.

Grundinformationen

Dass Kinder solche *Fragen* stellen, ist seit Langem bekannt. Wenn Kinder heute als Theologen bezeichnet werden, ist aber noch mehr gemeint: Kinder sind auch dazu fähig, selbst nach *Antworten* auf solche Fragen zu suchen und dabei eigene Einsichten zu gewinnen.

> In der Religionspädagogik unterscheidet man drei Dimensionen von Kindertheologie:
> - *Theologie von Kindern* meint das eigene Nachdenken von Kindern über religiöse Vorstellungen und religiöse Vollzüge.
> - *Theologie mit Kindern* bezeichnet das nachdenkliche Gespräch mit Kindern über religiöse Fragen.
> - *Theologie für Kinder* verweist auf Geschichten und andere Impulse, durch die Kinder in ihrem theologischen Nachdenken unterstützt werden.

Mit der Bezeichnung von Kindern als Theologen verbindet sich eine besondere Achtung vor ihrem Verständnis von religiösen Fragen und vor ihrer Fähigkeit, eigene Antworten zu finden.

Warum sind kindertheologische Gespräche wichtig? In solchen Gesprächen können Kinder ihre eigenen Vorstellungen, Fantasien und ihre eigenen Ausdrucksformen im Blick auf letzte Fragen, im Blick auf Gott, Religionen und Weltdeutungen zum Ausdruck bringen und weiter klären. Sie werden unterstützt und es wird gewürdigt, dass sie einen eigenen Zugang zur Welt haben dürfen, der nicht an den Ansprüchen der wissenschaftlichen Theologie oder dem Anspruch der Erwachsenen zu messen ist.

Im Sinne der »Theologie für Kinder« sollen kindertheologische Gespräche Kindern zumindest bisweilen aber auch eine Weiterführung und eine Horizonterweiterung ermöglichen. Dies ist eine religionspädagogische Grundaufgabe. Es wäre den Kindern gegenüber sehr abwertend, wenn man ihnen nicht auch die Möglichkeit zur Weiterentwicklung eröffnete und sie einfach mit dem, was sie von sich aus diskutieren oder sagen, alleine ließe. Kinder formulieren schließlich oft Fragen an Erwachsene, weil sie testen wollen, ob es denn stimmt, was sie selbst sagen, und weil sie wissen möchten, was die Erzieherin, die Mutter oder der Vater dazu meinen. Wichtig hierbei ist, dass die Erzieherin oder die Eltern nicht katechismusartige Antworten liefern, sondern in einem offenen, fragend-entwickelnden Dialog die Kinder dazu anregen, selbst weiterzudenken und eigene Antworten zu geben. Wenn ein Kind beispielsweise fragt, wie Gott aussieht, macht es aus kindertheologischer Sicht nur wenig Sinn, das Kind mit der Dreifaltigkeitslehre zu konfrontieren. Stattdessen wäre es besser zu sagen: »Gott kann man nicht sehen. Aber ich habe ganz verschiedene Gottesbilder. Mal erlebe ich Gott so, mal so. Wie stellst du dir denn Gott vor?«

Wie kann ein kindertheologisches Gespräch im interreligiösen Kontext gelingen?

Eine besondere Herausforderung sind kindertheologische Gespräche im interreligiösen Zusammenhang. Kinder bringen aus ihrem Umfeld verschiedenste Vorstellungen bereits mit. Sie sehen ihren Vater oder ihre Oma zu Hause beten (oder eben nicht), sie haben Erfahrungen mit dem Innenraum einer Kirche oder einer Moschee und sind interessiert zu erfahren, was die anderen darüber denken oder welche Erfahrungen sie haben.

Manchmal geht es den Kindern auch ums Rechthaben: »Gott sieht aus wie ein Papa mit einem langen Bart«; »Gott kann man doch gar nicht sehen«; »Gott darf man gar nicht malen. Ich male aber sogar Gott …«; »Im Koran steht …«.

Gerade über das kindertheologische Gespräch können Kinder Unterstützung auch dafür bekommen, den interreligiösen Bereich ganz selbstverständlich wahrzunehmen und zu diskutieren. Interreligiöse Kontexte sind für Kinder in vielen Gruppenzusammensetzungen längst normaler Alltag. Wenn Erzieherinnen Zeuginnen solcher Gespräche zwischen Kindern werden, kommt es darauf an, sensibel Rückfragen an die Kinder zu stellen oder ihnen auch Informationen zu geben, die sie (noch) nicht haben können.

Pädagogische Intervention kommt im Alltag der Einrichtungen jeden Tag vielmals vor und darf im Bereich der religiösen und interreligiösen Bildung nicht ausgeklammert werden. Es gibt auch entscheidende religionspädagogische Interventionen, die im richtigen Augenblick einzubringen sind.

Die bei kindertheologischen Gesprächen aufkommenden Themen können bei Elternabenden entsprechend auch mit den Eltern kommuniziert werden, sodass die Eltern den religiösen Stand und die religiösen Fragestellungen ihrer Kinder untereinander wahrnehmen und schätzen lernen. Manche Eltern sind verwundert, dass ihre Kinder intensiv miteinander »kindertheologische« Gespräche führen. Oft regt dies die Eltern an, sich selbst mit ihrem eigenen religiösen Weg auseinanderzusetzen und das ein oder andere kindertheologische Gespräch mit ihren Kindern zu führen.

Die eigenen Kompetenzen erproben und einüben

▶ Wenn Kinder bei Ritualen nicht mitmachen wollen – wie gehen Sie darauf ein?

▶ Wie sprechen Sie beim Elternabend über die von Ihnen vorgesehenen und erprobten Rituale?

▶ Wie motivieren Sie Eltern dafür, Rituale auch zu Hause zu realisieren?

▶ Formulieren Sie eine Antwort auf die Frage eines Kindes: »Wie kann Gott eigentlich Gebete hören, wenn so viele Menschen gleichzeitig beten?«

▶ Nennen Sie einige Impulse, durch die das theologische Gespräch mit Kindern angestoßen und unterstützt werden kann.

Zum Weiterlesen

Zu Ritualen:

Ingrid Biermann, Rituale machen Kinder stark. Praxisbuch für den Kindergarten, München 2002.

Gertrud Kaufmann-Huber, Kinder brauchen Rituale. Ein Leitfaden für Eltern und Erziehende, Freiburg 2001.

Christel Langlotz / Bela Bingel, Kinder lieben Rituale: Kinder im Alltag mit Ritualen unterstützen und begleiten, Münster 2008.

Hans Werner Schied, Lebensmut contra Lebensangst: Rituale in religiöser Erziehung aus psychotherapeutischer Sicht, in: Albert Biesinger / Herbert Bendel (Hrsg.), Gottesbeziehung in der Familie: Familienkatechetische Orientierungen von der Kindertaufe bis ins Jugendalter, Ostfildern 2000, S. 73–85.

Doris Ziebritzki, Wir wollen zusammen feiern: Feste der Weltreligionen im Kindergartenjahr, Freiburg 2012.

Zur Kindertheologie:

Anton Bucher u. a. (Hrsg.), Mit Kindergartenkindern theologische Gespräche führen: Beiträge der Kindertheologie zur Elementarpädagogik (Jahrbuch für Kindertheologie, Sonderband), Stuttgart 2008.

Friedrich Schweitzer, Kindertheologie und Elementarisierung: Wie religiöses Lernen mit Kindern gelingen kann, Gütersloh 2011.

8.

Wie kann man religions-
pädagogische Aspekte integrieren?

Konzeption und Leitbild
entwickeln im Team

Die Entwicklung einer Konzeption und eines Leitbildes wird heute zu Recht als eine Notwendigkeit für die Arbeit in Kindertagesstätten angesehen. Das Erarbeiten eines Leitbildes sollte dabei nicht als lästige Pflichtübung, sondern als große Chance gesehen werden. Auch für die Zusammenarbeit im Team ist die Erarbeitung eines Leitbildes eine Chance, eröffnet sich doch die Möglichkeit, eine gemeinsame Haltung in religionspädagogischen Fragen zu erarbeiten.

Eine klare Leitbild-Konzeption beleuchtet alle wichtigen Fragen und ist somit eine hervorragende Grundlage für die Gespräche mit den Eltern. Zu Recht erwarten Eltern heute Transparenz, was Profil und Alltag der Kita betrifft. Eine solche Transparenz ist darüber hinaus die Voraussetzung dafür, dass Eltern die Bemühungen der Einrichtung mittragen können und vielleicht auch zur aktiven Mithilfe bereit sind. Auf jeden Fall unterstützt also eine solche Konzeption die Elternarbeit.

Die Entwicklung eines Leitbildes, das auch religiöse und interreligiöse Aspekte aufgreift, kann innerhalb des Teams, vor allem aber im Verhältnis zu den Eltern, viele Fragen aufwerfen, die gemeinsam geklärt werden müssen. Fest steht allerdings: Religionspädagogische Aufgaben sollten heute unbedingt in der Konzeption einer Einrichtung vorkommen, damit alle Beteiligten wissen, was sie erwarten können und womit sie rechnen müssen.

Aufgabe

Welche religionspädagogischen Aspekte erscheinen Ihnen so wichtig, dass sie unbedingt in der Leitbild-Konzeption genannt werden sollten?

▶ Erstellen Sie eine Liste mit Vorschlägen.

Grundinformationen

Wofür ein Leitbild gut ist

Ein Leitbild ist kein Selbstzweck. Leitbilder haben das Ziel zu orientieren, zu motivieren und zu werben. Sie machen bewusst, in welche Richtung sich eine Einrichtung in nächster Zeit entwickeln möchte.

Leitbilder geben insofern Orientierung, als sie Ausrichtung, Werte und Ziele der Kita zusammenfassen und festhalten. Davon ausgehend kann wiederum die tägliche Arbeit gestaltet werden. Ein Leitbild heißt Leitbild, weil es leiten soll. Leitbilder, die einmal entwickelt und auf Broschüren abgedruckt wurden oder im Internet stehen, aber im Kita-Alltag keine Rolle spielen, haben ihren Zweck verfehlt. Leitbilder haben die Funktion eines Leuchtturms, der die Orientierung erleichtert und besonders auch in stürmischen Zeiten die Richtung weist.

Leitbilder

Sie haben das Ziel zu orientieren, zu motivieren und zu werben. Sie machen bewusst, in welche Richtung sich eine Einrichtung in nächster Zeit entwickeln möchte. Zugleich dienen sie der Motivation sowie der Transparenz nach innen und außen, im Blick auf die Eltern ebenso wie hinsichtlich der Öffentlichkeit. Leitbilder enthalten Ideale und müssen zugleich realistisch sein.

Somit haben Leitbilder auch eine wichtige Funktion für die Öffentlichkeitsarbeit. Indem Leitbilder das Profil der Kita vorstellen, bieten sie der Öffentlichkeit ein Bild von dem, wofür die Kita steht und stehen will. Dies ist besonders solchen Eltern wichtig, die den Kindergarten ihres Kindes nicht nur nach der örtlichen Lage oder den Öffnungszeiten, sondern auch nach der inhaltlichen Ausrichtung auswählen. Andererseits bieten Leitbilder zugleich eine Chance, Schnittmengen mit anderen Einrichtungen und Organisationen zu finden, um sich zu vernetzen.

Mögliche Schwierigkeiten

Die Erarbeitung eines Leitbildes sorgt immer wieder für Diskussionen. Dies liegt in der Natur des Leitbildes: Wer Verbindlichkeit schafft und transparent kommuniziert, wofür er steht, macht sich angreifbar. Der Versuch, religionspädagogische Aspekte und Aufgaben in einer Konzeption darzustellen, kann zu Rückfragen oder auch Schwierigkeiten im Team führen. Häufig ist dies ein Punkt, an dem die verschiedenen religiösen Biografien und zum Teil auch die schwierigen Erfahrungen mit religiöser Erziehung in der Kindheit der Erzieherinnen ins Spiel kommen. Es ist deshalb gut, wenn im Prozess der Konzeptionsentwicklung ausdrücklich Raum dafür gegeben wird, solche Erfahrungen zum Ausdruck zu bringen. Niemandem ist geholfen, wenn Schwierigkeiten verschwiegen und Probleme einfach unter den Teppich gekehrt werden. Unterschwellig schwelen solche Probleme immer weiter und machen die Arbeit in der Praxis schwierig. Irgendwann bahnen sie sich ihren Weg an die Oberfläche und werden zum Problem – häufig überraschend für die (unvorbereiteten) Beteiligten. Daher ist es außerordentlich wichtig, im Prozess der Leitbildentwicklung auftretende Konflikte proaktiv anzugehen und gemeinsam nach Lösungen zu suchen.

Nur wenn die persönlichen religiösen Voraussetzungen geklärt sind, kann das Team Perspektiven entwickeln, die den tatsächlichen Gegebenheiten in der Einrichtung gerecht werden.

Häufig erwachsen Schwierigkeiten aber auch aus einer diffusen Furcht vor einer möglichen Überforderung. Nicht alle Erzieherinnen sehen sich in der Lage, selbst Aufgaben der religiösen Begleitung zu übernehmen oder aktiv religionspädagogische Angebote für Kinder zu gestalten. Auch in dieser Hinsicht bietet das Team eine besondere Chance. Ähnlich wie bei anderen Aufgaben können sich die Erzieherinnen wechselseitig entlasten. Nicht jede muss für alle Aufgaben gleichermaßen zuständig sein. Wenn geklärt ist, was von jeder einzelnen erwartet werden kann und was nicht, dann lassen sich Enttäuschungen vermeiden, wie sie bei ungeklärten Erwartungen und unklaren Aufgabenverteilungen immer wieder leicht entstehen.

Welche religionspädagogischen Aspekte sollten im Leitbild aufgenommen werden?

Die religionspädagogischen Aspekte, die in der Konzeption angesprochen werden sollten, müssen sowohl die Sicht der Einrichtung als auch die Perspektive der Eltern aufnehmen. Was müssen Eltern wissen? Was sollte ihnen schon beim Erstgespräch, bei dem die Konzeption vorgestellt wird, mitgeteilt werden?

▶ An erster Stelle ist dabei natürlich an die *Ausrichtung* der religionspädagogischen Arbeit zu denken. Handelt es sich um eine evangelische oder katholische Einrichtung? Was bedeutet das für muslimische Kinder? Was bedeutet eine kommunale Trägerschaft für die religionspädagogische Arbeit?

▶ Solche Fragen führen bereits weiter zu den religionspädagogischen *Zielen*, die in einer Einrichtung verfolgt werden. Klar ist, dass eine Tageseinrichtung für Kinder keine missionarischen Interessen verfolgt. Religionspädagogik bedeutet nicht Mission – eine Bekehrung der Kinder zum Christentum, aber auch zum Judentum oder zum Islam, ist weder beabsichtigt noch findet sie statt. Verdeutlicht werden sollten stattdessen die positiven Ziele einer religiösen Begleitung, etwa die Unterstützung der Kinder in ihrer religiösen Entwicklung, die Beantwortung ihrer religiösen Fragen sowie das Angebot der religiösen Wertebildung.

▶ Das Verhältnis zu den verschiedenen Religionen und Weltanschauungen stellt ein weiteres eigenes Thema für die Konzeptionsentwicklung dar. Wie soll mit den jeweils anderen Religionen und Glaubensweisen umgegangen werden? Sind Kinder auch *mit* ihrer Religion oder Weltanschauung in der Einrichtung willkommen, oder wird darüber hinweggesehen? Wird die Einrichtung auch solchen Eltern gerecht, die keine religiöse Erziehung für ihr Kind wünschen?

Wie wird die interreligiöse Ausrichtung im Leitbild sichtbar?

Im Leitbild von Einrichtungen sowie in ihrer Konzeption sollte das Anliegen der interreligiösen Bildung deutlich sichtbar gemacht werden. Es muss klar kommuniziert werden, dass alle Kinder gleichermaßen willkommen sind, gerade auch mit ihren unterschiedlichen religiösen und kulturellen Prägungen. Darüber hinaus sollte deutlich werden, dass diese Offenheit auf wechselseitiges Kennenlernen und Verstehen, auf Toleranz, Wertschätzung und Friedenserziehung zielt. Im Einzelnen könnte dabei gezeigt werden:

▶ Wie leben wir Religion mit den Kindern?

▶ Welche religionspädagogische Begleitung bietet die Kita den verschiedenen Kindern?

▶ Wie soll interreligiöse und interkulturelle Bildung unterstützt werden?

▶ Warum ist es so wichtig, andere auch mit ihrer Religion wertzuschätzen?

Fragen zur Selbstvergewisserung:

Wie kommt die interreligiöse Ausrichtung im Leitbild zum Ausdruck?

▶ Berücksichtigt unser Leitbild Religion und religiöse Erziehung?

▶ Enthält unser Leitbild eine interreligiöse Ausrichtung?

▶ Machen wir deutlich, dass bei uns alle willkommen sind, nicht trotz, sondern gerade auch mit ihrer Religion?

▶ Führen wir in unserem Konzept aus, dass uns interreligiöse Bildung wichtig ist?

Die Beteiligung der Betroffenen bei der Entwicklung von Konzeptionen und Leitbildern ist unerlässlich und auch unter Gesichtspunkten der Motivation dringend erforderlich.

Beispiele – mit Fragen

Auf der Website einer **interkulturellen Einrichtung** finden sich folgende Ausführungen zum interkulturellen Lernen:

»Interkulturelle Bildung ist ein Erziehungsziel und eine Entwicklungsaufgabe, das/die uns alle betrifft, egal ob Kind oder Erwachsener, deutscher oder ausländischer Mitbürger.

Kulturelle Bildung geschieht von klein auf. Es ist ein Entwicklungsprozess, dem sich kein Kind entziehen kann. Die individuellen Identitäten der Kinder sind auf das vielfältigste mit den kulturellen Prägungen verwoben, die oft unbewusst Verhaltensmuster und Werte beeinflussen.

Doch was versteht man unter dem Begriff ›Kultur‹? Das Staatsinstitut für Frühpädagogik (IFP) des Freistaates Bayern beschreibt den Kulturbegriff auf drei Ebenen:

1. Die Ebene der sichtbaren Kulturprodukte, die auch außerhalb eines bestimmten kulturellen Milieus erkennbar sind wie z. B. Tänze, Spiele oder Handwerk.

2. Die Ebene der beobachtbaren Handlungsmuster und Ausdrucksformen einer Kultur, wie z. B. die Sprache, religiöse Sitten, Essensrituale, Wohnkultur oder Erziehungspraxis.

3. Die Ebene der unsichtbaren Wertorientierung, die ›Bilder im Kopf‹, die das Handeln der Menschen leiten, wie z. B. Einstellungen und auch Rollenbilder.

Durch das Zusammenspiel der drei Ebenen wird die Basispersönlichkeit geformt, auf der alle weiteren Entwicklungs- und Lernprozesse aufbauen. Mit der kognitiven Entwicklung, insbesondere dem Spracherwerb, werden die kulturellen Muster ausdifferenziert und damit auch das Selbstbewusstsein und die kulturelle Identität. Diese ist in der Kindheit natürlich noch stark von den Eltern bestimmt.

In der Alltagswelt, im Kindergarten oder in den Medien sind jedoch verschiedene Gruppen präsent und die Kinder müssen mit den Subkulturen zurechtkommen. Sie sind die Wirklichkeit unserer Gesellschaft.

Jedes Kind hat bzw. entwickelt daher eine persönliche und eine kollektive kulturelle Identität und lernt, wie man sich in verschiedenen Situationen angemessen verhält. Gleichzeitig bewertet es meist unbewusst durch die eigene ›Kulturbrille‹ das Verhalten von Mitgliedern anderer Gruppen.«[1]

▶ Religion wird hier nur kurz genannt. An welchen weiteren Punkten ist mit religiösen und religionspädagogischen Fragen zu rechnen?

▶ Wie sehen Sie das Verhältnis zwischen interkulturellem und interreligiösem Lernen?

Eine **Einrichtung in katholischer Trägerschaft** veröffentlicht folgende Selbstdarstellung:

»Die Kindertagesstätte des SkF [Sozialdienst katholischer Frauen] St. Margareta ist eine familienorientierte Einrichtung, welche die ihr anvertrauten Kinder zur Selbstständigkeit begleitet. Ziel ist, Eltern und ihren Kindern einen Lebensraum anzubieten, in dem die Kinder ihre Anlagen und Fähigkeiten optimal entfalten können. Dazu ist ein lebendiges christliches Miteinander wichtig, in dem Offenheit, Rücksichtnahme, Vertrauen und Respekt vor dem Anderen erfahren und gepflegt werden.

Ohne Mitarbeit der Eltern ist eine Förderung der kindlichen Entwicklung schwer möglich. Auch hier bilden Offenheit, Vertrauen und ein regelmäßiger Austausch die Grundlage für eine ineinandergreifende Erziehungsarbeit.«[2]

---

1 www.kinderwelt-augsburg.de/unsere-interkulturelle-kindertagesstätte/interkulturelle-bildung (03.12.2012).
2 gemeinden.erzbistum-koeln.de/st_margareta_bruehl/einrichtungen/kita/margareta.html (03.12.2012).

> ▶ Welche Fragen könnten Eltern hier stellen?
>
> ▶ Wie würden Sie den Umgang mit muslimischen Kindern in dieser Kita deutlich machen?

Zum Verhältnis von interkultureller und interreligiöser Bildung in der Kita

Spätestens bei der Formulierung des Leitbildes und beim Ringen um die entsprechende Wortwahl fällt auf, dass die Begriffe interkulturelle und interreligiöse Bildung nahe beieinander liegen, aber doch etwas anderes meinen. Damit eine präzise Formulierung gelingen kann, soll im Folgenden auf das Verhältnis dieser beiden Bildungsdimensionen, die nur schwer zu trennen sind, eingegangen werden.

Über Jahrzehnte hinweg hat man in der Pädagogik darauf gesetzt, dass interkulturelle Bildung für die Arbeit mit Kindern ausreicht, die einen Migrationshintergrund haben. Dass aber für Kinder mit beispielsweise türkischem oder tunesischem Migrationshintergrund sehr häufig nicht nur kulturelle, sondern auch religiöse Unterschiede mitbedacht und damit auch religiöse Mentalitäten und religiöse Akte integriert werden sollten, wurde lange Zeit unterschätzt. Dabei kann man Kultur und Religion nicht scharf voneinander trennen. Man muss von einem mehrschichtigen Verhältnis zwischen Kultur und Religion ausgehen. Kultur bestimmt Religion, aber Religion auch Kultur. Interkulturelles Lernen bleibt ohne Berücksichtigung der interreligiösen Dimension meist unzureichend.

Umgekehrt die Muslime jedoch schlicht als »die Muslime« wahrzunehmen und in eine Schublade zu stecken, wäre ebenso falsch. Kinder und deren Eltern und Großeltern aus der Türkei, aus Tunesien, Albanien, Serbien, Algerien, Ägypten, Iran, Saudi-Arabien, Pakistan und Indonesien haben verschiedene kulturelle Hintergründe, die auch den Islam unterschiedlich geprägt haben. Die Vielfalt unterschiedlicher Prägungen bereits innerhalb ein und derselben Religion macht die Sache für die Erzieherinnen zu einer besonderen Herausforderung.

Der Unterschied zwischen interkultureller und interreligiöser Bildung besteht darin, dass interkulturelle Bildung sich auf die kulturellen Ausprägungen der verschiedenen Kulturen konzentriert, von denen her oder in denen Menschen miteinander kommunizieren. Interreligiöse Bildung zielt auf die Wahrnehmung der verschiedenen religiösen Wege unter der didaktischen Leitlinie: »Gemeinsamkeiten stärken – Unterschieden gerecht werden«. Es geht also darum, die jeweils andere Religionen kennen- und verstehen zu lernen – zwar immer und unvermeidlich aus der eigenen, manchmal beschränkten Sicht.

Es gibt Situationen, in denen zwischen interkultureller und interreligiöser Bildung zu unterscheiden ist. Bei Lernprozessen sollte, wenn beispielsweise die Kinder von ihrer

Oma und von ihrem Opa in der Türkei erzählen, das Gespräch nicht von vornherein auf den interreligiösen Bereich hin gelenkt werden. Jedoch kann es ganz automatisch dazu kommen, dass die Kinder auch von den religiösen Bräuchen ihrer Großeltern erzählen – und dann ist man schon mittendrin in der interreligiösen Bildung!

Eine andere Problematik entsteht, wenn etwa Eltern mit Migrationshintergrund aus einem muslimischen Land sich in Deutschland für ein säkulares Leben entschieden haben – das heißt, dass ihnen Religion und religiöses Leben nicht wichtig sind und sie folglich auch kein Interesse an religiöser Bildung haben oder sich sogar entschieden dagegen wehren. Diese Situation ist wohl eher selten anzutreffen. Es wäre aber fatal, wenn ein Kind, das zu Hause weder mit Religion im Allgemeinen noch mit Islam im Besonderen in Berührung kommt, in der Kita zum Muslim »konstruiert« würde. Für diese Kinder und Eltern gilt: Es ist wichtig, ihnen das religiöse Profil der Kita vorzustellen, sie einzuladen, an religiöser und interreligiöser Bildung teilzunehmen, aber gleichzeitig die Freiwilligkeit der Rituale zu betonen – dazu gehört die Freiheit, sich aus religiösen Ritualen herauszuhalten.

Dass Kinder aus säkularen Elternhäusern interreligiöse Bildung erhalten sollten, ist sowohl aus religionspädagogischen als auch aus bildungs- und integrationspolitischen Gründen höchst bedeutsam, denn auch sie stehen vor der Herausforderung, in die multikulturelle und multireligiöse Gesellschaft mit entsprechenden Verstehenskompetenzen hineinzugehen.

Die eigenen Kompetenzen erproben und einüben

▶ Welche religionspädagogischen Aspekte gehören aus Ihrer Sicht unbedingt in das Leitbild einer Kita?

▶ Mit welchen Konflikten rechnen Sie mit Blick auf die Entwicklung eines Leitbildes, und wie würden Sie diese lösen?

▶ Nehmen Sie noch einmal Ihre eigene Liste zur Hand (→ vgl. die Aufgabe oben, S. 91): Was würden Sie jetzt verändern?

Zum Weiterlesen

Werte verhandeln – Potenziale entfalten: Konzeptionen (weiter)entwickeln, Theorie und Praxis der Sozialpädagogik, Nr. 10/07.

Bruno Bongard/Franz Schwarzkopf, Viele Ideen – ein Profil, München 2000.

Viva Fialka, Wie Sie Ihr Profil entwickeln und nach außen tragen: Leitbild- und Profilentwicklung, in: kindergarten heute: basiswissen kita management, Freiburg 2009.

9.

Kann man widersprüchlichen
Erwartungen gerecht werden?

Mit Eltern kommunizieren

Meistens werden Kinder von ihren Eltern am intensivsten geprägt. Es wäre daher psychologisch verfehlt, wenn man die Eltern aus den Bildungsprozessen in den Kitas bewusst ausklammern würde. Selbstverständlich lernen Kinder als eigenständige Subjekte auch ohne ihre Eltern intensiv und schnell. Wenn aber das, was die Kinder in der Kita erleben, lernen und verarbeiten, zu Hause keinen Platz findet, dort nicht aufgegriffen und weiterentwickelt wird, bleiben die Bildungsprozesse unterkomplex. Viele Untersuchungen belegen, dass der Einfluss der Eltern, deren soziale Situation, der Stellenwert, den sie Bildung beimessen, und deren sprachliche Kompetenzen großen Einfluss auf die Bildungschancen der Kinder haben. Erzieherin zu sein bedeutet folglich nicht nur, mit Kindern zu arbeiten, sondern auch mit deren Eltern.

In Fragen der religiösen und interreligiösen Bildung ist die Zusammenarbeit mit den Eltern von herausragender Bedeutung. »Auf die Eltern kommt es an«[1] lautet daher auch der Titel der Elternstudie des Tübinger Forschungsprojektes »Interkulturelle und interreligiöse Bildung in Kindertagesstätten«. Die Befragung hat verdeutlicht, dass Eltern widersprüchliche Erwartungen gegenüber religiöser Bildung haben.

Aufgabe

▶ Formulieren Sie Gründe, warum manche Eltern für und warum manche Eltern gegen religiöse Erziehung in der Kita sind.

▶ Nehmen Sie als Erzieherin dazu Stellung.

Grundinformationen

Zur Bedeutung der Eltern für die Arbeit in der Kita

Aus entwicklungs- und lernpsychologischer Sicht ist es sinnvoll, nicht nur die Kinder zu fördern, sondern vor allem in den ersten Lebensjahren auch deren Eltern zu begleiten und zu unterstützen. Kinder sind insbesondere in dieser Altersphase in hohem Maße von ihren Eltern abhängig. Durch die Einbeziehung der Eltern entsteht eine besondere Möglichkeit, die Bildungsprozesse der Kinder in intensiver Weise zu fördern und sie in ihrer weiteren Entwicklung zu unterstützen.

Für die religiöse Bildung kommt es ganz wesentlich auf die Eltern an. Diese bringen verschiedene Hintergründe, Voraussetzungen und Einstellungen mit. Diese religiöse Vielfalt sollte als Chance und nicht als Problem für die Begleitung der Eltern betrachtet

---

[1] Albert Biesinger / Anke Edelbrock / Friedrich Schweitzer (Hrsg.), Auf die Eltern kommt es an! Interreligiöse und interkulturelle Bildung in der Kita, Münster 2011.

werden. Wenn sich die Verständigung unter den Eltern und Kindern nicht nur auf der kulturellen, sondern bewusst auch auf der religiösen Ebene vollziehen soll, dann muss man die verschiedenen religiösen Ausgangslagen zumindest grundsätzlich zu verstehen versuchen. Nur so können die Eltern Teil eines kreativen Kommunikationsprozesses werden, in dem sich alle Teilnehmer einander würdigend begegnen. Zunehmend finden sich in den Kitas Kinder und Eltern ohne religiöses Bekenntnis – auch sie sind zu würdigen und in den religiösen und interreligiösen Kommunikationsprozess einzubeziehen, denn wer sich keinem religiösen Weg anschließen will oder kann, hat ebenfalls eine Welt- und Wirklichkeitsdeutung, die ernst zu nehmen ist.

Die Bildungsprozesse in den Einrichtungen sind deswegen unbedingt durch ein Parallel-Angebot für die Eltern zu ergänzen. Die Arbeit der Erzieherinnen richtet sich an Kinder und Eltern zugleich.

Es gibt viele positive Beispiele für die gelingende Begleitung von Kindern und Eltern.[2] Dazu gehören regelmäßige Familienbegegnungs- und Bildungsnachmittage, die Thematisierung von Bildungsprozessen bei Kindern in einem Begegnungscafé, ein Elternbistro, das Eltern verschiedener Kulturen und Religionen gemeinsam tragen, oder der Aufbau von Erziehungspartnerschaften. Die Idee »Erziehungspartnerschaft« versucht, Eltern und Erzieherinnen im Dienste der Förderung und Entwicklung des Kindes zur intensiven Zusammenarbeit, zu Einzelfallgesprächen und Konfliktlösungen zu motivieren. Wenn man eine solche Idee durch regelmäßige Absprachen und Gespräche institutionalisiert, wird ein Standard für die Eltern-Kind-Erzieherinnen-Kommunikation gesetzt, der in vielen Fällen prophylaktisch und deeskalierend wirken kann.

Das christliche Profil einer evangelischen oder katholischen Kindertagesstätte ist kein Hindernis, die religiösen Entscheidungen anderer Menschen zu respektieren. Im Gegenteil: Das Gebot der Nächstenliebe, das im Übrigen nicht nur im Christentum, sondern auch im Islam und in anderen Weltreligionen verankert ist, gebietet Respekt und Offenheit. Der eigene religiöse Weg verbietet dabei, andere religiöse Werte abzuwerten.

Selbstverständlich sind jedoch nicht alle Eltern dafür offen. Manche christliche Eltern wollen nicht, dass ihr Kind eine Moschee besucht, und manche muslimische Eltern haben Vorbehalte, wenn ein Kirchenbesuch ansteht. Andererseits wollen viele Muslime ihren Kindern bewusst die Möglichkeit geben, andere Religionen in ihrem Umfeld kennen- und erfahren zu lernen; ebenso sind viele Christen neugierig, wie der Islam konkret gelebt wird.

Für den alltäglichen Kommunikationsprozess ist es wichtig, die Skepsis in behutsamen Gesprächen zu überwinden und die Eltern zu religiöser Toleranz einzuladen. Dies zeigt sich vor allem bei der Beachtung der Speisegesetze von jüdischen und muslimischen Kindern und Familien. Dies hat sich in den Kindertagesstätten als grundlegende Herausforderung bereits durchgesetzt – wenngleich nicht ohne Konflikte und Reibungs-

2 Anke Edelbrock / Albert Biesinger / Friedrich Schweitzer (Hrsg.), Religiöse Vielfalt in der Kita: So gelingt interkulturelle Bildung in der Praxis, Berlin 2012.

flächen. Vor allem fragen sich in der Zwischenzeit viele christliche Eltern, warum sie sich diesen Speisegesetzen anpassen sollen. Hilfreich wäre ein interkulturelles Team, das als Brücke zu den Eltern dient und es damit leichter möglich macht, kulturelle Vielfalt zu leben.[3] Mitarbeiterteams sollten die anstehenden interkulturellen und interreligiösen Fragen konstruktiv intensivieren und auf keinen Fall verdrängen. Wenn die Bildungsprozesse profiliert sein sollen, dann wird es mit Blick auf die Gesamtentwicklung unserer Gesellschaft zukünftig noch mehr darauf ankommen, die interkulturellen und interreligiösen Ausgangslagen und Herausforderungen konstruktiv zu thematisieren und zu kommunizieren. »Was die Elternarbeit betrifft, kann ich vor allem gesunden Menschenverstand und Offenheit empfehlen«, lautet das Fazit der Leiterin eines katholischen Kindergartens, wie folgendes Protokoll zeigt:

»Die Elternarbeit ist, je nach Vater oder Mutter, mal einfacher, mal schwieriger. Wir haben muslimische Eltern, die zum Adventsbasteln kommen, Kerzen verzieren und Weihnachtssterne ausschneiden. Wir haben muslimische Eltern, die ihren Kindern Nikolaus- und Weihnachtsgeschenke machen, weil sie sagen: ›Meine Eltern leben in Deutschland, ich bin in Deutschland geboren, meine Kinder wachsen in Deutschland auf – wir kommen an Nikolaus und Weihnachten nicht vorbei, außerdem sind das schöne Feste; selbstverständlich bekommen unsere Kinder auch Geschenke.‹ Wir haben muslimische Eltern, die ihre Kinder bewusst an einer katholischen Grundschule anmelden, weil sie schon mit dem katholischen Kindergarten gute Erfahrungen gemacht haben.

Wir haben aber auch muslimische Eltern, die ihre Kinder immer dann krankmelden, wenn ein christliches Fest im Kindergarten oder der Besuch einer Kirche ansteht. Und wir hatten auch mal eine muslimische Mutter, die Alevitin ist, folglich Ali als rechtmäßigen Nachfolger Mohammeds ansieht und zu mir sagte: ›Mir wäre es lieber, wenn mein Sohn beim Mittagessen nicht immer Geschichten von Jesus, sondern von Ali erzählen würde.‹

Was die Elternarbeit betrifft, kann ich vor allem gesunden Menschenverstand und Offenheit empfehlen. Die meisten Eltern lassen sich den Kindergarten von Bekannten empfehlen, das heißt: Sie wissen schon im Vorfeld, worauf sie sich einlassen und was sie im Kindergarten erwartet. Es ist wichtig, das katholische Profil zu erklären und es im größeren pädagogischen Kontext einzubetten – und was das konkret für den Alltag bedeutet: dass gebetet wird, dass mal der Pfarrer vorbeischaut, dass wir für alle Religionen offen sind, dass wir uns freuen, wenn sich die Eltern mit ihrem kul-

---

[3] Julia Vermehren, Gelingende Zusammenarbeit und Verständigung mit Eltern in der interreligiösen Kommunikation: Ein Praxisbericht der Evangelischen Interkulturellen Kindertagesstätte Astrid Lindgren, Lübeck, in: Albert Biesinger/Anke Edelbrock/Friedrich Schweitzer (Hrsg.), Auf die Eltern kommt es an! Interreligiöse und interkulturelle Bildung in der Kita, Münster 2011, 166–177.

turellen und religiösen Hintergrund einbringen. Weil wir Offenheit kommunizieren, unterstellt uns niemand, wir würden missionieren. Wenn wir die Kindergartenkinder mit einer Feier in die Schulzeit verabschieden, dann spendet der Pfarrer den Segen. Selbst damit haben wir keine negativen Erfahrungen gemacht – weil die muslimischen Eltern wissen: Wir wünschen ihren Kindern das allerbeste und einen guten Start in die Schule – und es geht eben nicht um Missionierung!«[4]

Dieses Protokoll ist Indiz dafür, dass Erzieherinnen unterschiedliche Ansprüche der Eltern wahrnehmen. Manche Eltern haben Bedenken, wenn das muslimische Kind eine Kirche betritt, andere wiederum sehen im interreligiösen Austausch Chancen und nehmen entsprechende Angebote bewusst wahr. Beides miteinander zusammenzubringen ist eine Aufgabe, die nicht leicht zu bewältigen ist, aber dringend ansteht.

Was Eltern zur religiösen Erziehung meinen

Die Ergebnisse der Elternbefragung »Auf die Eltern kommt es an!« geben einen Einblick in die Ansichten, Ansprüche, aber auch Bedenken der Eltern. Diese antworteten ganz unterschiedlich auf die Frage, was aus ihrer Sicht für und was gegen religiöse Erziehung spricht[5] (vgl. Tabelle auf der folgenden Seite).

Die Einwände der Eltern sind ernst zu nehmen, da sie meistens auch einen biografischen Hintergrund haben. Doch man würde Kinder unterschätzen, wenn man ihre religiöse Neugierde und ihre oft tiefsinnigen Fragen als unwichtig einstufen oder abqualifizieren würde. Kinder sind in ihrem heutigen Umfeld mit religiösen Phänomenen schon von früh auf konfrontiert und machen sich ihre eigenen Gedanken. Für diejenigen Eltern, die nicht an Gott glauben und ihr Kind nicht religiös erziehen wollen, ist zu bedenken, dass auch ihre Kinder mit religiösen Fragen anderer Kinder und mit religiösen Phänomenen in der Gesellschaft in Kontakt kommen und eine entsprechende religionspädagogische Begleitung verdienen.

Interreligiöse Bildung in den Kindertagesstätten ist insofern gerade keine Überforderung, als die Kinder ganz automatisch darauf stoßen, dass es in der Kindergartengruppe christliche, muslimische, jüdische und auch nicht-religiöse Kinder gibt, die oft von ihren eigenen Erfahrungen und religiösen Ritualen berichten.

---

[4] Gespräch mit der Leiterin eines katholischen Kindergartens. Protokoll: Raphael Rauch.
[5] Entnommen aus: Anne Braun/Hans-Peter Blaicher/Annette Haussmann/Golde Wissner/Wolfgang Ilg/Albert Biesinger/Anke Edelbrock/Murat Kaplan/Friedrich Schweitzer/Andreas Stehle, Was Eltern erwarten und erfahren – religiöse und interreligiöse Bildung in der Kita aus Elternsicht, in: Albert Biesinger/Anke Edelbrock/Friedrich Schweitzer (Hrsg.), Auf die Eltern kommt es an! Interreligiöse und interkulturelle Bildung in der Kita, Münster 2011, 43–120, 63.

Argumente für religiöse Erziehung in der Kita aus Elternsicht	Argumente gegen religiöse Erziehung in der Kita aus Elternsicht
▶ Kinder erfahren Grundlegendes über das Christentum (als ihre eigene Religion bzw. als die Religion, die das Land prägt, in dem sie aufwachsen) ▶ Ergänzung und Unterstützung der eigenen Erziehung zu Hause ▶ Kinder erfahren Hintergründe zu christlichen Festen ▶ Kinder kommen mit Religion in Berührung; sollen Glaubensrichtungen kennenlernen (als Basis für spätere eigene Entscheidung) ▶ Vermittlung christlicher Grundwerte ▶ Religiöse Fragen der Kinder werden aufgegriffen ▶ Kinder sollen wissen, dass sie zu Gott beten können und er sie beschützt ▶ Anderes kennenlernen und Akzeptanz lernen ▶ Religiöse Erziehung gibt Kindern Halt	▶ Religiöse Erziehung ist Sache der Familie ▶ Kita soll Raum bieten, um Sprache, Sozialverhalten und Regeln zu erlernen, nicht Religion ▶ Kinder verstehen in dem Alter noch nicht so viel; religiöse Erziehung ist in der Schule wichtiger ▶ Religiöse Erziehung ist in der Kita schwierig wegen der verschiedenen Religionen ▶ Kita kann religiöse Erziehung der Familie nur unterstützen, nicht ersetzen

Der Hinweis, dass religiöse Erziehung nur in die Familie gehört, ist dann nicht mehr stichhaltig, wenn man bedenkt, dass Religion in Deutschland stets auch eine öffentliche Dimension hat. Debatten wie Kruzifix-Urteil, Kopftuchverbot, Mohammed-Karikaturen oder die Streitfrage »Gehört der Islam zu Deutschland?« zeigen, dass Religion aus dem öffentlichen Raum nicht wegzudenken ist. Dies gilt auch für den Kita-Alltag und fängt schon bei einfachen Dingen wie Feiertagsregelungen an. Es sollte selbstverständlich sein, dass Ende Oktober muslimischen Kindern und Eltern erklärt wird, warum am Reformationstag oder an Allerheiligen die Kita geschlossen bleibt. Genauso sollte christlichen Kindern und Eltern erläutert werden, warum an manchen muslimischen Feiertagen die muslimischen Kinder nicht in die Kita kommen.

»Auf die Eltern kommt es an!« – Nimmt man diese Erkenntnis ernst, dann wird es zur Aufgabe, wie mit den verschiedenen, zum Teil konträren Erwartungen der Eltern umzugehen ist. Will man etwa im Jahreskreis religiöse Erziehung und Begleitung alltagstauglich realisieren, dann kommt man um Absprachen mit den Eltern bei der Vorbereitung und interreligiösen Gestaltung religiöser Feiern und Feste nicht herum.

Erzieherinnen tun gut daran, die konkreten Anlässe mit den Eltern abzusprechen, sie einzubeziehen und das religionspädagogische Konzept entsprechend transparent und plausibel zu kommunizieren.

Gerade wenn in einer Kita mehrere religiöse Wege präsent sind, ist die interreligiöse und interkulturelle Kommunikation sehr wichtig. Konkrete Beispiele, die in Kitas bereits erarbeitet und realisiert werden, zeigen, dass es für Eltern hilfreich ist, wenn sie von Erzieherinnen im interkulturellen und interreligiösen Bildungsbereich sensibel wahrgenommen und begleitet werden.

Für Menschen mit Migrationshintergrund entsteht die oft bedrängende Situation, das Eigene wertzuschätzen, zu bewahren und sich gleichzeitig auf das Neue und möglicherweise Fremde hin zu öffnen. Ansonsten kann es zum Schaden der Kinder und der Eltern werden, wenn Abschottungen und Ausgrenzungen auftreten. Dies wird von der Mehrheitsgruppe in der Regel anders erlebt als von der kleineren Gruppe von Menschen mit Migrationshintergrund, die allerdings im Wachsen begriffen ist.

Eltern sind für ihre Kinder Wegweiser. Kinder nehmen die Einschätzungen und Handlungsweisen ihrer Eltern gerade auch hinsichtlich interkultureller und interreligiöser Aspekte auf verschiedenen Ebenen wahr. Wenn Eltern über die jeweils andere Gruppe gut oder schlecht reden, sich lustig machen oder möglicherweise sogar fremdenfeindlich äußern, wird dies nicht ohne Konsequenzen für die Kinder bleiben.

Manche Erzieherinnen verweigern sich der Aufgabe, »die Eltern auch noch zu erziehen« – so eine Erzieherin bei einer Fortbildungsveranstaltung –, oder fühlen sich von einer intensiven Elternarbeit überfordert. Doch eine Verweigerung von Elternarbeit kann erhebliche emotionale Verstimmmungen und Kommunikationsstörungen nach sich ziehen und viele Probleme schaffen, die nur schwer aus der Welt zu räumen sind. Daher ist für die Profilierung und auch für die Qualitätssicherung einer Kita eine qualifizierte und reflektierte Arbeit mit den Eltern absolut notwendig.

Interreligiöse Kommunikation mit Eltern – zu kompliziert?

Die religiöse Erziehung der Kinder ist primär Aufgabe der Eltern, zu der sie sich in den christlichen Kirchen bei der Taufe verpflichten. Aufgabe der Kirche und damit auch der kirchlichen Kindergärten und Kitas ist es, die Eltern in der religiösen Erziehung der Kinder zu unterstützen. Da es bei der religiösen Begleitung zugleich um einen allgemeinen Bildungsauftrag geht, stellen sich religionspädagogische Aufgaben auch für kommunale Einrichtungen.

Heute findet in vielen Familien keine ausdrückliche religiöse Erziehung statt; religiöse Erziehungsziele sind für die meisten Eltern nachrangig. Oft sind es erst die Fragen der Kinder, die sie anregen, sich (wieder) mit Religion zu befassen. Viele Eltern scheuen sich aber davor, ihre Kinder religiös zu erziehen, weil sie selbst religiös unsicher sind. Mit dieser Unsicherheit sollten die Eltern nicht alleingelassen werden.

Aufgabe der Kita ist es somit auch, Eltern über die Grundlagen und Ziele der religiösen und interkulturellen Bildung in der Kita zu informieren und sie zu motivieren, sich für diese Themen einzusetzen und vor allem ihren Kindern gegenüber Interesse an diesen Themen zu bekunden. Wenn das in der Kita Erlebte Resonanz in der Familie und darüber hinaus findet, stärkt das die Nachhaltigkeit der religiösen Lernprozesse.

Die Eltern einzubeziehen bedeutet, sie zu ermutigen, mit den Kenntnissen und Fähigkeiten, die sie bereits mitbringen, ihre Kinder zu erziehen. Man muss kein Theologe, Religionswissenschaftler oder Experte in interkultureller Bildung sein, um interkulturelle und interreligiöse Fragen beantworten zu können. Wenn man die Könnensebene der Eltern anspricht – mit Könnensebene ist gemeint, was Eltern bereits an Kompetenzen mitbringen und welche sie hinzugewinnen wollen –, kann man viel erreichen. Dazu gehört auch die kognitive, emotionale und handlungsorientierende Thematisierung und Realisierung von interkultureller und interreligiöser Bildung.

Zunächst erscheint die Aufgabe, mit Eltern zu kommunizieren, die verschiedene kulturelle und religiöse Hintergründe haben, als enorme Herausforderung für die Erzieherinnen. Aber auch in diesem Bereich kann man Kompetenzen erwerben. Das Thema religiöse und interreligiöse Bildung sollte daher auch im Elterngespräch nicht ausgeklammert, sondern bewusst angesprochen werden. Eltern haben ein Recht darauf zu erfahren, was ihren Kindern in religiöser Hinsicht geboten wird und wie die Kita-Einrichtung mit der religiösen Vielfalt in der Gesellschaft umgeht. Umgekehrt sollten die Eltern gefragt werden, welche religiösen oder kulturellen Prägungen und Praktiken ihnen besonders wichtig sind. Von Anfang an muss den Eltern signalisiert werden, dass sie in der Einrichtung offen und sensibel wahrgenommen werden und dass sie willkommen sind – bewusst *mit* ihrer Religion und nicht *trotz* ihrer Religion. Zu vermeiden sind deshalb insbesondere allgemeine, mitunter vorurteilsbelastete Einordnungen nur nach der Religionszugehörigkeit. Innerhalb der Religionen gibt es große Unterschiede gerade in der Art und Weise, wie Religion in den Familien wahrgenommen und gelebt oder nicht gelebt wird.

Vor allem sollte die religiöse Kompetenz der Eltern genutzt werden, etwa bei religiösen Festen: Eine muslimische Mutter kann den Kindern in der Einrichtung berichten und erklären, wie die Familie das Ramadanfest feiert. Oder wenn mit den Kindern zum Beispiel über Tod und Sterben gesprochen wird, können eine muslimische und eine christliche Mutter in der Gruppe über ihre Vorstellungen sprechen. Für die Erzieherinnen kann das zugleich eine große Entlastung sein, denn sie können unmöglich Expertinnen für alle Religionen werden, zumal sich diese mit ihren unterschiedlichen Strömungen und kulturellen sowie nationalen Ausprägungen untereinander weit verzweigen und voneinander unterscheiden. Indem die Eltern als Experten für konkret gelebte Religiosität in die Kita eingeladen werden, gelingt es, den Kindern eine Begegnung mit authentischen Glaubensbotschaften, Glaubenspraxen und Ritualen zu ermöglichen, was allein mit angelesenem Wissen so nicht vermittelbar wäre.

Und wenn es Konflikte gibt?

Wie bei anderen Themen können zwischen Erzieherinnen und Eltern auch in religiösen Fragen Konflikte entstehen. Bei dem sehr sensiblen Feld der religiösen und interreligiösen Bildung sind Konflikte mitunter sogar geradezu vorprogrammiert. Konfliktmanagement ist damit grundsätzlich als Aufgabe anzunehmen. Wenn Eltern ein enges Verständnis von religiöser Bildung haben und sie nur ihre eigenen Wahrheitsansprüche in der Kita realisiert sehen wollen, kommt es von vornherein zum Konflikt mit dem Leitbild und mit den Ansprüchen anderer Eltern. Deswegen darf es nicht einfach um die Durchsetzung eigener Vorstellungen gehen. Hierzu ein Beispiel[6]:

Was dürfen die Kinder essen? – Streit um das gemeinsame Frühstück

Beim gemeinsamen Frühstück, bei dem jedes Kind sein mitgebrachtes Essen zu sich nimmt, kann es zu Gesprächen über Speiseverbote kommen. So berichtete eine Kita-Leiterin im Rahmen unseres Forschungsprojektes: »Wir haben auf dem letzten Elternabend eine Diskussion darüber gehabt, weil es soweit kam, dass unsere deutschen Eltern sagten, meine Kinder oder unsere Kinder lassen sich die Wurst nicht mehr aufs Brot tun. Die wollen Nutella oder Marmelade, weil die muslimischen Kinder sonst schimpfen. Die sagen dann ›Du isst Schweinefleisch!‹ und erwarteten dann, dass wir das regeln. Unsere Kinder essen miteinander und frühstücken immer zu viert oder zu fünft und die Gespräche, die dann stattfinden, die finden halt statt. Auf der anderen Seite merkt man halt, wie stark doch dieser Druck auf den Muslimen lastet, dass sie das weitergeben und sagen, dass du das nicht isst! Und [...] da war halt so ein Ärger der deutschen Eltern, [die] sagen: ›Ich möchte, dass mein Kind weiterhin Schweinefleisch isst!‹ Und da meldete sich ein Vater zu Wort und meinte, die sollten einfach registrieren, dass es ungesund wäre, Schweinefleisch zu essen und alle Leute, die Schweinefleisch essen würden, die hätten das eine Bein, ich glaub', das, was am Herzen ist, das wär' weitaus dicker als das andere. Und das wäre so, das wäre statistisch erwiesen und deswegen sollten sie es eh lassen. So und das ist dann, das ist ein Mann, der ist hier Ingenieur an der Uni, glaub ich, und der glaubt aber an so was, dass man zwei unterschiedlich dicke Beine hat.«

---

6 Entnommen aus: Anke Edelbrock / Margarete Patak / Friedrich Schweitzer / Albert Biesinger, Religion und Religionen in der Kindertagesstätte: Eine empirische Untersuchung zu interreligiöser Bildung in der Praxis, in: Friedrich Schweitzer / Albert Biesinger / Anke Edelbrock (Hrsg.), Mein Gott – Dein Gott: Interkulturelle und interreligiöse Bildung in Kindertagesstätten, Weinheim 2008, 157.

In solchen Fällen – wenn abstruse Behauptungen aufgestellt werden, die jeglicher Grundlage entbehren, zudem Respekt vor dem anderen vermissen lassen und die Äußerungen überheblich und beleidigend wirken – muss die Erzieherin oder die Kita-Leitung konsequent einschreiten. Im Bereich der interreligiösen Bildung in der Kita sind Konflikte vorprogrammiert. Es gilt jedoch, diese konstruktiv auszutragen und zu lösen – und nicht aus Angst vor Konflikten auszuweichen. Klare, transparente Regeln, die Offenheit, Toleranz und Akzeptanz von allen Kindern und Eltern verlangen, können die Grundlage für einen konstruktiven Dialog mit den Eltern sein. Und demjenigen, der diese Regeln verletzt, muss widersprochen werden.

Man kann in einer Kita in kirchlicher Trägerschaft davon ausgehen, dass sich diese Einrichtung auf das Christentum in der evangelischen oder katholischen Konfession bezieht und diese besonders im Fokus liegt. Dies schließt aber nicht aus, dass die Kinder auch andere Religionen kennen und würdigen lernen, gemeinsam Christentum, Judentum und Islam sowie weitere Religionen verstehen lernen und entsprechende Kompetenzen entwickeln, beispielsweise wenn Kinder mit einer entsprechenden Religionszugehörigkeit zu der Gruppe gehören. Das Gebot der Nächstenliebe verbietet es, Kinder mit anderer Religionszugehörigkeit auszuschließen.

Kompliziert wird die Arbeit bisweilen bei Eltern, die extremen religiösen Gruppen angehören. Diese gibt es in fast jeder Religion, sowohl bei Christen als auch bei Juden und Muslimen. Hier ist es wichtig, Respekt und Toleranz einzufordern.

Kinder aus Familien von »Zeugen Jehovas« sind manchmal in einer schwierigen Situation. Von ihren Eltern sind sie eindeutig auf die Wahrheitsansprüche dieser Gruppe festgelegt, doch die anderen Kinder können nicht einfach auf die Überzeugungen der Zeugen Jehovas verpflichtet werden. Problematisch kommt hinzu, dass Kinder der Zeugen Jehovas oftmals an Festen, selbst an Festen ohne religiösen Charakter wie Kindergeburtstagen, nicht teilnehmen. Dies ist Kindern oft schwer zu vermitteln.

Religiöse und interreligiöse Bildung schließt auch die Aufgabe ein, sich mit einem Kind, das aus dem Kontext der Zeugen Jehovas kommt, sinnvoll auseinanderzusetzen. Wie dies konkret erfolgen kann, hängt vom Einzelfall ab; jedoch ist es wichtig, dass Erzieherinnen sich über die Grundzüge dieser Gruppe ebenso kundig machen, auch wenn es einfacher ist, sich mit anderen Weltreligionen wie dem Hinduismus oder dem Buddhismus auseinanderzusetzen. Es kann jedoch sehr interessant sein, anhand eines konkret anvertrauten Kindes sich eben auch mit dessen Religion zu beschäftigen und sich entsprechend zu informieren.

Im Alltag stellt sich die Konfliktlage auch angesichts der religiösen Rituale im Jahreskreis.

Konfliktlösungsstrategien

Kommt es zu Problemen mit den Eltern, so lauten die Konfliktlösungsstrategien: Vertrauen aufbauen, Gespräche und Störungen bearbeiten, Begründungen erfragen, nochmals Vertrauen entwickeln und nicht rechthaberisch miteinander umgehen – oder es zumindest versuchen.

Störungen zu vermeiden, indem man sie umgeht, übersieht oder wegsieht, ist wenig effektiv. »Störungen haben Vorrang« oder »Störungen nehmen sich Vorrang«, das ist ein Leitsatz der Themenzentrierten Interaktion (TZI), die von der deutsch-amerikanischen Psychotherapeutin Ruth C. Cohn entwickelt wurde. Konflikte zu bearbeiten heißt folglich nicht, nach der technischen Lösung für ein Problem zu suchen, sondern die Biografien der Eltern und Kinder zu würdigen und im gemeinsamen Gespräch mit ihnen nach Lösungen zu suchen.

Allerdings kann es auch zu Situationen kommen, in denen deutliche Grenzen zu ziehen sind. Wenn es zur Übermächtigung einzelner Eltern oder Elterngruppen im Blick auf andere Eltern und deren Kinder kommt, ist eine solche Grenze erforderlich. Wenn der Konflikt sich zwischen den Erzieherinnen oder der Leiterin und den Eltern nicht regeln lässt, dann ist der Einbezug externer Berater (beispielsweise speziell für interkulturelle und interreligiöse Aufgaben ausgebildete Personen), von Vertretern der Träger oder einer Supervision eine sinnvolle Strategie, die zu mehr Sachlichkeit, Verständnis und Frieden führt. Bei extremen Strömungen kann es hilfreich sein, einen Pfarrer, Imam oder Rabbiner als Autorität hinzuzuziehen, welcher der Kita den Rücken stärkt und die fundamentalistischen Auslegungen zurückweist.

Ein konkretes Beispiel: Nikolaus

Das Nikolaus-Ritual der Kindertagesstätten in katholischer Trägerschaft wird, wenn auch in anderer Weise, ebenfalls in evangelischen Kitas praktiziert. Das Nikolaus-Ritual gehört zum festen Bestandteil religiöser Erfahrung – und durch die Kommerzialisierung des Schokoladen-Nikolaus ist der 6. Dezember auch für Konfessionslose allgegenwärtig.

In einer Kindergruppe mit hohem Anteil von Kindern verschiedener Religionszugehörigkeiten stellt sich die Frage, ob diese Kinder an dem nun doch eindeutig christlichen Ritual teilnehmen sollen oder nicht. Alarmierend sind Erfahrungen, wonach in einigen Einrichtungen die muslimischen Kinder während des Nikolaus-Rituals in den Turnraum geschickt wurden. Dies ist aus religionspädagogischer Perspektive äußerst zweifelhaft, denn das Nikolaus-Ritual ist kein missionarischer Akt – vielmehr ist es ein Solidaritätsritual. Der Heilige Nikolaus steht für Nächstenliebe, Teilen und Solidarität – Werte also, die in vielen anderen Religionen ebenfalls zentral sind und beispielsweise auch in den fünf Säulen des Islam verankert sind.

Für muslimische Kinder ist es eine diskriminierende Ausgrenzungserfahrung, wenn sie beim Nikolausritual nicht dabei sein dürfen. Sie merken doch sehr wohl, dass die christlichen Kinder ein Geschenk bekommen, dass es fröhlich zugeht, gesungen und gefeiert wird. Wenn sie stattdessen zum Turnen geschickt werden – was zweifelsohne auch schön sein kann und allemal wichtig ist –, leidet die Gruppendynamik, und für die muslimischen Kinder kann eine höchst problematische Situation entstehen.

Indem die Kinder aller Religionen in die Vorbereitung dieses Nikolaus-Rituals einbezogen werden, alle ein Geschenk bekommen und der Nikolaus sie in diesem Heiligenspiel einzeln segnet, kann Ausgrenzung verhindert werden. Jedoch ist beim Segnen äußerste Sensibilität notwendig. Wie wird ein christliches Kind und wie wird ein muslimisches Kind gesegnet? Hier gibt es verschiedene Segensformen.

Einem christlichen Kind kann der Nikolaus die Hand auf den Kopf legen und er kann dem Kind ein Kreuzzeichen auf die Stirn geben: »Gott segne und beschütze dich.« Einem muslimischen Kind kann der Nikolaus ebenfalls die Hand auf den Kopf legen und ihm sagen: »Gott beschütze dich« – natürlich ohne ein Kreuzzeichen zu machen.

Auch in diesem Fall sind vorbereitende Gespräche mit den Eltern wichtig. Denn letztlich muss es entscheidend sein, was den Eltern für ihr Kind richtig erscheint: nur dabei sein und zuschauen, ein Geschenk erhalten oder auch gesegnet werden – und gegebenenfalls in welcher Form. Dieser Hinweis gilt im Übrigen nicht nur mit Blick auf muslimische Eltern. Schon evangelische Eltern können es höchst befremdlich finden, wenn der Nikolaus ihr Kind segnen soll, weil in der evangelischen Kirche Heiligen eine andere Bedeutung zukommt als in der katholischen Kirche. Befremdlich könnte das Segnen erst recht für Eltern ohne religiöses Bekenntnis wirken.

Wichtig ist es, darauf hinzuweisen, dass damit keine missionarische Strategie verfolgt wird, um Kinder zum Christentum zu bekehren. Kitas sind Orte, in denen Kinder gestärkt und nicht von der einen oder anderen Seite vereinnahmt werden. Wird dies etwa den muslimischen Eltern klar kommuniziert, zeigen sie oft auch Interesse an christlichen Ritualen, weil ihre Kinder sie kennenlernen sollen. Manche Kitas berichten begeistert davon, dass zum Beispiel beim Laternenumzug anlässlich des St. Martinfestes auch Muslime mit Laternen Spalier stehen, wenn St. Martin hoch zu Ross kommt, und sich beim Teilen des Mantels darüber freuen, dass hier eine Idee gefeiert wird, die auch in den fünf Säulen des Islam verankert ist.

Umgekehrt gilt: Wenn Ramadan von den Muslimen praktiziert wird, müsste analog für alle Kinder – eben bewusst auch für die christlichen Kinder in der Gruppe – eine muslimische Person eingeladen werden, die authentisch aus ihrer eigenen religiösen Praxis heraus allen Kindern erklärt, was Ramadan bedeutet und wann, wie, wo und warum sie Ramadan praktiziert. Noch schöner ist es natürlich, wenn Eltern und Kinder in der Kita zusammenkommen und gemeinsam das Ramadanfest (Fastenbrechen, in der Türkei: Zuckerfest) feiern. Einladung und Gestaltung des Festes sollten dabei in der Verantwortung der muslimischen Eltern liegen, wobei die nichtmuslimischen Erzieherinnen ihre Hilfe und Unterstützung anbieten sollten.

Die eigenen Kompetenzen erproben und einüben

Zu Beginn dieses Kapitels sollten Argumente für und gegen religiöse Erziehung in der Kita aus Elternsicht zusammengestellt und Ihr Standpunkt dazu formuliert werden. Gehen Sie nach Bearbeitung dieses Kapitels zurück zu dieser Auflistung:

▶ Welche Punkte oder Fragen kommen neu hinzu – und was würden Sie auf diese antworten?

▶ Warum ist die Kommunikation mit den Eltern auch in religiöser Hinsicht wichtig?

▶ Welche Fragen sollten den Eltern beim Anmeldegespräch des Kindes gestellt werden?

▶ Wie könnte ein Bildungsangebot für die Eltern aussehen?

Zum Weiterlesen

Forderungen, Beschwerden, Schwierigkeiten: Sich mit Eltern verständigen, Theorie und Praxis der Sozialpädagogik, Nr. 4/10.

Erziehungspartnerschaft mit Eltern, Theorie und Praxis der Sozialpädagogik, Nr. 7/06.

Albert Biesinger / Andrea Wohnhaas, Das große Buch der Elternschule, Ostfildern 2008.

Lothar Klein / Herbert Vogt (Hrsg.), Familienarbeit in der Kindertagesstätte, Bielefeld 1996.

10.

Mit den Erwartungen der Träger umgehen
Wie religiöse Bildung in Kitas gelingt

mit Beiträgen von Agnes Christner, Georg Hohl und Frank Jansen

Bei den manchmal schwierigen Aufgaben der religiösen und interreligiösen Bildung ist es wichtig, dass Erzieherinnen sich von den Trägern ihrer Einrichtung unterstützt fühlen. Es dürfen keine Zweifel darüber aufkommen, dass religiöse und interreligiöse Bildung in der Kita auch von Trägerseite ausdrücklich erwünscht ist. Dies ist jedoch nicht immer der Fall. Nicht nur bei nicht-konfessionellen Einrichtungen, sondern auch bei Kitas in kirchlicher Trägerschaft gibt es manchmal Bedenken, was Fragen der religiösen Bildung betrifft. Umso wichtiger ist es daher, nicht nur die Erwartungen des Trägers genau zu kennen, sondern mit dem Träger darüber ins Gespräch zu kommen und ihm die Erfahrungen aus dem Kita-Alltag zurückzumelden. In diesem Kapitel kommen folglich auch die Vertreter der Trägerseite selbst zu Wort.

Die Ergebnisse der Erzieherinnenbefragung[1] zeigen, dass sich die Erzieherinnen in kommunalen Kitas mit Blick auf religiöse Bildung kaum von den Trägern unterstützt fühlen. Dies ist eine Problemanzeige, die nach Veränderung ruft. Die Kitas in konfessioneller Trägerschaft unterstützen entschieden religiöse Bildung, meinen damit aber vor allem christliche Erziehung – und unterscheiden sich in der Unterstützung der interreligiösen Bildung nur wenig und mit Blick auf islamische Bildung unwesentlich von den kommunalen Kindertagesstätten, wie folgende Grafik[2] zeigt:

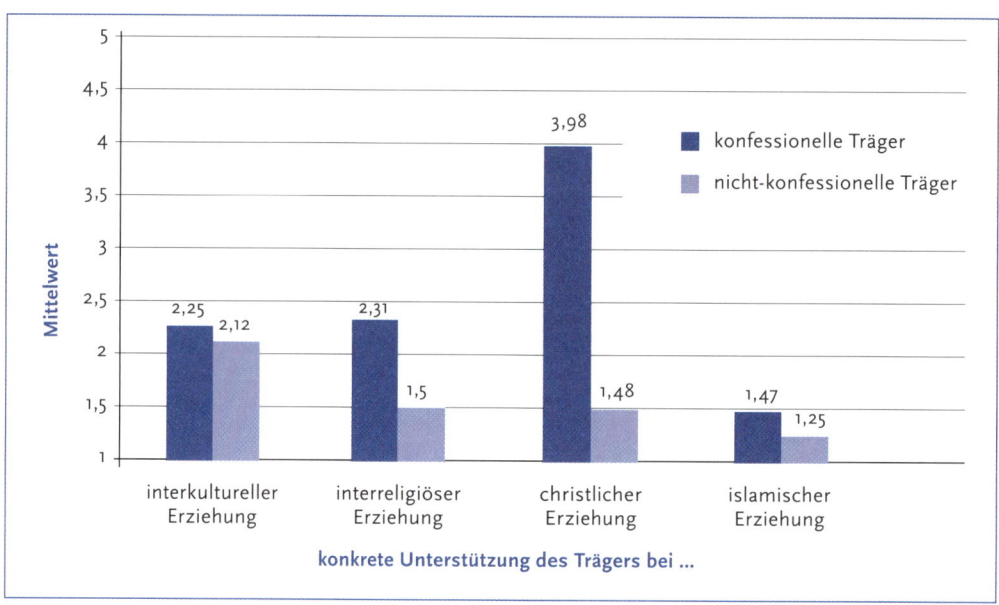

Unterstützung durch den Träger bei verschiedenen Bildungsaufgaben aus Sicht der Erzieherinnen: Deutliche Unterschiede gibt es bei interreligiöser und christlicher Erziehung, wobei jeweils Erzieherinnen mit konfessionellem Träger eine größere Unterstützung ihres Trägers wahrnehmen. Islamische Erziehung fällt jeweils ähnlich niedrig aus.

---

  [1] Friedrich Schweitzer / Anke Edelbrock / Albert Biesinger (Hrsg.), Interreligiöse und interkulturelle Bildung in der Kita: Eine Repräsentativbefragung von Erzieherinnen in Deutschland – interdisziplinäre, interreligiöse und internationale Perspektiven, Münster 2011.
  [2] Entnommen aus: ebd., 185.

Aufgabe

▶ Welche Erwartungen von Kita-Trägern zur religiösen und interreligiösen Bildung sind Ihnen bekannt?

▶ Wie kann der Träger Sie bei der interreligiösen Arbeit unterstützen?

▶ Was erwarten Sie von Fortbildungsangeboten im Bereich der religiösen und interreligiösen Bildung?

Grundinformationen[3]

Kindertageseinrichtungen sind aus Sicht der Kirchen ein wichtiger Ort der religiösen Bildung und Erziehung. Die Bedeutung zeigt sich schon in der quantitativen Betrachtung von Kitas in Deutschland: Allein die katholische Kirche unterhält gut 9.300 Kindertageseinrichtungen mit 74.000 Pädagoginnen und Pädagogen und 645.000 Kindern in ganz Deutschland (Stand: 2012). Über die Kitas haben die Träger einen wichtigen Einfluss auf viele Kinder – schließlich besuchen sie die Kita in der sehr sensiblen frühkindlichen Phase, in der besonders viele Weichen für die Zukunft der Kinder gestellt werden.

Gelingende Zusammenarbeit zwischen Träger und Kita-Team

Grundlegend für die gelingende Zusammenarbeit zwischen Träger und Kita-Team sind klare Kommunikationsstrukturen, die die Bedeutung der religiösen und interreligiösen Bildung für die Einrichtungen unterstreichen und zugleich eine verlässliche Kommunikation zwischen den Verantwortlichen auf Trägerseite und den Erzieherinnen ermöglichen – auch als Grundlage für konstruktiv-kritische Rückmeldungen für die weitere Entwicklung. Der Auftrag an die Kitas muss transparent gestaltet sein, sich möglichst auch im Leitbild der Kita widerspiegeln und immer wieder programmatisch weiterentwickelt werden. Eine Würdigung der interreligiösen Bildungsarbeit der Erzieherinnen als einem schwierigen, aufwendigen und teilweise umstrittenen Bereich, der zu besonderen Innovationen herausfordert, ist äußerst wichtig. Das vielfach beklagte Fehlen einer intensiveren Zusammenarbeit zwischen Trägern und dem Kita-Team kann so überwunden werden; zudem wird Frustrationen und Isolierungstendenzen vorgebeugt.

[3] Teilweise in modifizierter Form übernommen aus: Anke Edelbrock / Albert Biesinger / Friedrich Schweitzer (Hrsg.), Religiöse Vielfalt in der Kita: So gelingt interkulturelle Bildung in der Praxis, Berlin 2012, 28–30.

Die Träger müssen dafür sorgen, dass den Erzieherinnen genügend Zeit und Mittel für die Wahrnehmung von Fortbildungsangeboten im Bereich der interreligiösen Bildung zur Verfügung stehen. Dazu gehören die an manchen Orten schon erfolgreich praktizierten Möglichkeiten einer kollegialen Beratung, bei der sich Erzieherinnen aus verschiedenen Einrichtungen miteinander austauschen und ihre Erfahrungen weitergeben, auch durch gelegentliche Mitarbeit in einer anderen Einrichtung. Angesichts enger werdender finanzieller und zeitlicher Budgets in den Einrichtungen sowie anderer Fortbildungen bedarf der Bereich der Qualifikation für interreligiöse Bildung besonderer Aufmerksamkeit und Unterstützung durch die Träger.

> Dringend zu empfehlen ist die Entwicklung eines Fortbildungsplans für die Erzieherinnen, in dem der Anspruch auf Fortbildung durch Freistellung festgehalten und zugleich religiösen und interreligiösen Bildungsaufgaben ein fester Stellenwert zugewiesen wird.

Die Verantwortlichkeiten auf Trägerseite sollten immer wieder selbst an lokalen oder regionalen Fortbildungsveranstaltungen teilnehmen, sodass auch auf dieser Ebene ein Austausch und eine Qualitätsdiskussion stattfinden können.

In konfessionellen Einrichtungen ist es wichtig, dass die zuständigen Pfarrerinnen und Pfarrer die Einrichtungen bei religiösen und interreligiösen Fragen unterstützen. Auch die Träger werden durch die Herausforderungen besonders der interreligiösen Bildung mit neuen Anforderungen konfrontiert. In transparenten Rahmenvorgaben und offener Kommunikation liegen entscheidende Voraussetzungen für die Arbeit in den Einrichtungen im religiösen und interreligiösen Bereich, die für die weitere Entwicklung unerlässlich sind – sowohl im Blick auf professionelle Standards als auch hinsichtlich der Motivation der Mitarbeiterinnen.

Der Träger muss für sich klären, welche Bedeutung er der religionspädagogischen Begleitung aller Kinder beimessen möchte, wie die religiösen Rechte aller Kinder gewahrt werden sollen und wie bestehende Konzepte deshalb weiterzuentwickeln und zu kommunizieren sind. Dies gilt für konfessionelle Kitas ebenso wie für Einrichtungen in nicht-konfessioneller Trägerschaft. Gerade mit Blick auf Wohngebiete, in denen Eltern bei der Auswahl der Kita wenig oder keine Alternativen haben, darf es nicht dem Zufall überlassen bleiben, ob Kinder die Chance auf eine religionspädagogische Begleitung erhalten. Ausdrücklich abzuraten ist davon, in konfessionellen Kitas nur katholische und evangelische Kinder aufzunehmen und muslimische Kinder eher auf kommunale Einrichtungen zu verweisen. Umgekehrt ist deshalb zu empfehlen, dass auch muslimische Kitas christliche Kinder aufnehmen. Die heute vielfach anzutreffende religiös gemischte Zusammensetzung der Kindergruppen ermöglicht interreligiöse und interkulturelle Bildung in einer anderen Qualität und Intensität, als wenn die Kita nur von Kindern derselben Religionszugehörigkeit besucht würde.

Verhältnis zur Kirche

Weiter zu klären sind auch die Vorstellungen der konfessionellen Träger im Blick auf die Kirche. Vielerorts wird den Kitas die Aufgabe einer kirchlichen Sozialisation und die Entwicklung von Bindungen an die Kirchengemeinde zugewiesen. Hier muss deutlich werden, wie sich solche Erwartungen zu dem Auftrag einer religiösen Begleitung für alle Kinder verhalten und was der kirchliche Auftrag für die Aufgabe der interreligiösen Bildung bedeutet. Der Auftrag von Kitas erwächst nicht aus kirchlichen Bedürfnissen oder Erwartungen, sondern bemisst sich an den Kindern und an den ihnen zu eröffnenden Bildungsmöglichkeiten.

Muslimische Erzieherinnen

Eine besondere Frage betrifft die Anstellung muslimischer Erzieherinnen. Während in den Kita-Teams inzwischen zahlreiche Herkunftsländer vertreten sind, weist die Zusammensetzung der Teams im Blick auf die Religionszugehörigkeit noch weit weniger Vielfalt auf. Die Mehrheit der Erzieherinnen ist entweder evangelisch oder katholisch. Daneben gibt es vor allem konfessionslose Erzieherinnen. Immerhin 11 % der Erzieherinnen geben allerdings an, dass es im Team auch eine Muslimin gebe. Dies ist insofern bemerkenswert, als konfessionelle Träger die Anstellung muslimischer Erzieherinnen bislang grundsätzlich ausschließen und nur begrenzte und genau definierte Ausnahmen zulassen. Die Frage, die sich an dieser Stelle stellt, betrifft die kompetente Begleitung muslimischer Kinder in den Einrichtungen. Unter diesem Aspekt wäre es wünschenswert, mehr muslimische Erzieherinnen in den Einrichtungen zu haben. Eine solche Maßnahme für sich allein stellt allerdings noch keine Lösung dar. Denn in den nicht-konfessionellen Einrichtungen sind sich die Erzieherinnen häufig unsicher, ob – über die eigene Religionszugehörigkeit im Sinne der Mitgliedschaft dann etwa zum Islam hinaus – auch entsprechende Inhalte im Alltag der Einrichtungen überhaupt eine Rolle spielen dürfen. Hier besteht offenbar ein erheblicher Klärungsbedarf, und bei den konfessionellen Einrichtungen stellt sich die Frage, wie sich das christliche Profil mit muslimischen Erzieherinnen verbinden lässt. In beiden Fällen muss deshalb zuerst eine klare Zielbeschreibung entwickelt werden, die sich auf die pädagogischen und religionspädagogischen Möglichkeiten bezieht, die sich durch die Mitarbeit muslimischer Erzieherinnen eröffnen.

Konflikte und offene Fragen für die Zukunft

Die Diversität religiöser Vorstellungen in den Kindertagesstätten führt logischerweise immer wieder zu Konflikten. Oft sind religiöse Einstellungen sehr emotionsgeladen. Die

Träger haben zum einen die Aufgabe, Erzieherinnen entsprechend kompetent zu unterstützen, zum anderen aber auch die Verpflichtung, ihr eigenes Profil selbstständig zu erörtern und weiterzuentwickeln.

Es stehen vielerorts Diskussionen darüber an, ob bei einer Mehrheit von muslimischen Kindern die katholische oder evangelische Trägerschaft noch sinnvoll aufrechterhalten werden könne. Wenn man eine evangelische oder katholische Kita als Dienst an den Menschen versteht, lässt sich auf diesem Weg jedoch schnell Klärung herbeiführen. Die Kirchen würden sich auf ihre Milieuklientel zurückziehen, wenn sie – wie bisweilen vorgeschlagen – nur noch so viele Kitas als Träger unterhalten, wie es evangelische, katholische oder christliche Kinder insgesamt gibt. Das christliche Profil erfordert Gastfreundschaft und Offenheit – somit sind auch die Kinder anderer Religionen willkommen.

Wenn es zwischen den Erwartungen der Träger und den persönlichen Überzeugungen der Erzieherinnen zu große Unterschiede gibt, kann dies zu erheblichen Konflikten führen. Erzieherinnen, denen religiöse Deutungen des Lebens wichtig sind, können sich von einer Kommune unverstanden und in ihrer Tätigkeit gebremst fühlen, wenn sie über Gott in der Kita nicht sprechen dürfen. Umgekehrt entsteht ein Druck zu religiöser Bildung, wenn eine konfessionelle Kita mit klaren Vorstellungen an die Erzieherinnen Erwartungen formuliert, die sie möglicherweise gar nicht einhalten oder authentisch vertreten können.

Ein Schlüssel ist die transparente Klärung der gegenseitigen Erwartungen schon bei der Bewerbung und bei der Anstellung. Nicht jede Erzieherin will die Erwartungen jedes Trägers akzeptieren und umsetzen. Dies gilt auch umgekehrt. Damit ist allerdings das Problem nicht endgültig zu lösen. Im Laufe eines Berufslebens einer Erzieherin kann sich das Profil eines Trägers verändern, wie das Beispiel der interreligiösen Bildung zeigt: Vor 20 Jahren mussten sich die Träger damit nicht in dieser intensiven Weise auseinandersetzen.

Die kommunalen Kitas haben sich als Träger ebenfalls auf die veränderte Situation der multireligiösen Gesellschaft einzustellen. Die Ausgrenzung religiöser Bildung ist mit Blick auf die Bedürfnisse der Kinder äußerst inkompetent. Eltern und Kinder bedürfen der religiösen Orientierung in einer mulitreligiösen Gesellschaft, wie es sie in Deutschland gibt und sich für die Zukunft noch intensiver abzeichnet.

Konflikte zwischen Erzieherinnen und dem Kita-Träger können verschiedene Ebenen haben:

▶ Eltern haben sich darüber beschwert, dass die Einrichtung zu wenig oder gar keine religiöse und interreligiöse Bildung realisiert. Der Träger hat aber festgelegt, dass die Erzieherinnen sich von religiöser und interreligiöser Bildung fernhalten sollen, da es sonst zu Konflikten mit den Eltern käme, die verschiedenen Religionen angehören.

▶ Der Träger will bewusst religiöse und interreligiöse Bildung in der Einrichtung realisieren und betonen. Allerdings sieht sich eine Erzieherin hierzu nicht in der Lage. Sie gehört keiner Religion an und fühlt sich überfordert. Hier wäre dann vom Träger nicht einfach Druck zu machen, sondern nach einem Weg zu suchen, in Fortbildungen, Supervisionen und Reflexionen im Team Fragen nach der Qualität von religiöser und interreligiöser Bildung nachzugehen. Auf der Ebene von Religionskunde, also dem Vermitteln von religiösem Wissen und nicht von persönlichen Glaubenszeugnissen, kann von jeder Erzieherin verlangt werden, dass sie beispielsweise den Jahreskreis des Christentums und seine Feste, also Weihnachten, Ostern und Pfingsten, oder auch muslimische Feste wie Ramadan und das Opferfest, kindgerecht erklären kann. Sie muss deswegen nicht an den Bedeutungsgehalt des christlichen Weihnachtsfestes oder des muslimischen Opferfestes persönlich glauben. Für andere Erzieherinnen hingegen ist es ein inneres Anliegen, mit Kindern den Kern der christlichen Vorstellung von Weihnachten und Ostern zu besprechen. Möglicherweise ist es für Kinder ein überraschender Effekt, der sie zu neugierigen, freilich schwierig zu beantwortenden Fragen anstiftet. Einen Menschen zu treffen, der selbst Ramadan feiert und aus seiner eigenen Praxis heraus authentisch darüber sprechen kann, stellt für christliche Kinder ebenso eine spannende Lernmöglichkeit dar.

Dies bedeutet, dass zwischen Kita-Träger und Erzieherinnenteam klare Absprachen zu treffen sind, wie Personen aus den verschiedenen Religionen im Rahmen eines Projektes in die Einrichtung eingeladen werden und ihre Religion, Rituale und Bräuche den Kindern erklären können. Die Auswahl dieser Personen ist, sowohl was die christliche als auch was die jüdische und muslimische Seite betrifft, vor allem unter pädagogischen Gesichtspunkten zu treffen. Nicht jeder Pfarrer ist in der Lage, theologische Sachverhalte spannend und kindgerecht zu vermitteln. Umgekehrt sind andere sehr begabt für die sensible Kommunikation mit Kindern und haben daran große Freude – was die Kinder wiederum begeistert wahrnehmen und zu schätzen wissen.

▶ Wenn Träger religiöse und interreligiöse Bildung in der Einrichtung verbieten, ist dies unter den Erzieherinnen sensibel zu diskutieren. Statt nervös und panisch zu werden, ist es konstruktiver, sofort das Gespräch mit dem Träger zu suchen und nach den Hintergründen des Verbotes zu fragen. Auch sollte vorsichtig nachgefragt werden, wie der Träger das Verbot mit den Bildungs- und Orientierungsplänen und auch mit dem Grundrecht auf freie Religionsausübung in Einklang sieht. Auch sollten die Erzieherinnen nachfragen, ob das Verbot im Gemeinderat diskutiert wurde. Die Erzieherinnen sollten darauf hinwirken, dass statt des Verbotes gemeinsam mit Eltern und Trägern klare Zielvorgaben formuliert werden, die die Freiwilligkeit der religiösen und interreligiösen Bildung betonen.

Auf keinen Fall sollten sich die Erzieherinnen gefallen lassen, dass etwa ein einzelnes Dezernat in der Stadtverwaltung, dessen Leitung womöglich negative Erfahrungen mit Religion gemacht hat, solche gravierenden Entscheidungen alleine fällt, ohne dass dies im Gemeinderat diskutiert wurde. Wenn alle konstruktiven Vermittlungsversuche scheitern, gilt es, den Pfarrer sowie Gemeinderäte und Kommunalpolitiker, denen religiöse Bildung wichtig ist, zwecks Lobby-Arbeit einzuschalten.

Wenn muslimische oder andere Eltern religiöse und interreligiöse Bildung in der Einrichtung kategorisch ablehnen, sind Gespräche angebracht, die zunächst die Befürchtung nehmen, dass es dabei um Missionierung für das Christentum gehe. Wenn deutlich wird, dass bei interreligiöser Bildung auch der Islam mit seinen Festen thematisiert wird, an Ramadan eine muslimische Vertreterin oder ein muslimischer Vertreter in die Einrichtung eingeladen wird und Eltern und Kinder das Zuckerfest gemeinsam feiern, lösen sich oft manche Vorbehalte Schritt für Schritt auf. Bisweilen ist es wichtig, sich mit muslimischen Eltern abzusprechen, die schon längere positive Erfahrungen mit der Einrichtung haben.

Rechte und Pflichten der Träger

Die Träger von Einrichtungen haben Rechte und Pflichten. Im Rahmen der gesetzlichen Bestimmungen – darüber hinaus orientiert am entsprechenden Bildungs- und Orientierungsplan des Bundeslandes – stellt sich für Personen, die als Träger für die Einrichtungen zuständig sind, die Aufgabe, aus der jeweiligen konfessionellen oder kommunalen Struktur heraus die Kita zu profilieren.

Dabei ist es sehr wichtig, dass die religiöse und interreligiöse Bildung nicht nur Sache der konfessionellen Träger ist. Genauso wie die konfessionellen Träger sich etwa auf die sprachliche Bildung der Kinder intensiv einlassen müssen, dürfen die kommunalen Träger die religiöse und interreligiöse Bildung nicht ausgrenzen und sich nicht allein auf die sprachliche Förderung konzentrieren.

Kinder, die aufgrund örtlicher Bedingungen darauf angewiesen sind, in eine kommunale Einrichtung zu gehen, haben schließlich auch religiösen und interreligiösen Orientierungsbedarf und werden interreligiöse Kompetenz in ihrem zukünftigen Leben garantiert brauchen. Man schadet den Kindern, wenn man sie von diesem Bereich bewusst ausgrenzt.

Religionsfreiheit ist nicht mit Freiheit von Religion zu verwechseln. Das Grundgesetz geht – anders als beispielsweise die französische Verfassung – nicht von einer strikten Trennung von Kirche und Staat aus, sondern steht den Kirchen und Religionsgemeinschaften wohlwollend gegenüber. Religiös-weltanschauliche Neutralität bedeutet folglich nicht, religiöse Erziehung in kommunalen Kindergärten zu verbieten, sondern Möglichkeiten zu schaffen, sich von religiösen Handlungen zu distanzieren.[4]

Die Erzieherinnen dürfen nicht alleingelassen werden angesichts des Drucks, der für sie durch die multireligiösen Herausforderungen entstanden ist. Viele sind zu einer Zeit ausgebildet worden, in der die deutsche Gesellschaft noch nicht akzeptiert hatte, ein Einwanderungsland zu sein und in der die Integration multinationaler und multireligiöser

---

4   Heinrich de Wall, Juristische Aspekte der interkulturellen und interreligiösen Bildung in Kindertagesstätten, in: Friedrich Schweitzer/Albert Biesinger/Anke Edelbrock (Hrsg.), Mein Gott – Dein Gott: Interkulturelle und interreligiöse Bildung in Kindertagesstätten, Weinheim 2008, 81–94

Wege noch kein bildungspolitischer Konsens war. Daher sollten diese Erzieherinnen Fortbildungen absolvieren, die aber nicht neuen Stress erzeugen dürfen, sondern sich an den Fragen der Erzieherinnen orientieren und sie begeistern und motivieren sollten. Viele Erzieherinnen sind auch auf dem Weg der eigenen religiösen Orientierungssuche unterwegs und daher dankbar, wenn ihnen solche Lernprozesse ermöglicht werden – denn sie nehmen nicht nur etwas für den Kita-Alltag, sondern auch für sich persönlich mit.

Die eigenen Kompetenzen erproben und einüben

Bereiten Sie ein Thesenpapier (stichpunktartig) für eine Dienstbesprechung mit dem Kita-Träger vor, in dem Sie Chancen und Herausforderungen, Fragen und Wünsche mit Blick auf religiöse und interreligiöse Bildung formulieren. In dem Thesenpapier sollten Sie unter anderem

▶ von Erfahrungen im Kita-Alltag berichten. Welche Probleme, welche Chancen möchten Sie dem Kita-Träger mit Blick auf die religiöse und interreligiöse Bildungsarbeit rückmelden?,

▶ Unklarheiten, unausgesprochene Erwartungen und Störungen thematisieren,

▶ nach den religiösen und interreligiösen Vorstellungen der Träger fragen,

▶ eigene Erwartungen an den Träger herantragen und an konkreten Beispielen begründen,

▶ Ressourcen und Unterstützung vom Träger einfordern,

▶ Zielvorgaben mit Zeitplänen skizzieren.

Zum Weiterlesen

Arbeitsplatz Kirche, Theorie und Praxis der Sozialpädagogik, 5/98.
Kapitel »Religion in Kindergarten und Kita – die Interessen der Akteure«, in: Matthias Hugoth, Handbuch religiöse Bildung in Kita und Kindergarten, Freiburg 2012, S. 74–90.

Stellungnahmen von Kita-Trägern zum Thema interreligiöse Bildung

Wir freuen uns, hier die Stellungnahmen der wichtigsten Kita-Träger veröffentlichen zu können: Stellvertretend für die kommunalen Träger legt Agnes Christner die Sicht des Städtetags Baden-Württemberg dar. Die Position der kirchlichen Träger erläutern Georg Hohl, Vorsitzender der Bundesvereinigung Evangelischer Tageseinrichtungen für Kinder e.V. (BETA), und Frank Jansen, Geschäftsführer des Bundesverbandes Katholischer Tageseinrichtungen für Kinder (KTK). Bemerkenswert ist, dass der evangelische und katholische Trägerverband die Stellungnahme gemeinsam verfasst haben.

Interreligiöse Bildung in kommunalen Kindertageseinrichtungen – eine Einschätzung

von Agnes Christner, Städtetag Baden-Württemberg
Baden-Württemberg ist das Bundesland, das unter den deutschen Flächenländern mit mehr als einem Viertel der Bevölkerung den höchsten Anteil an Menschen mit Migrationshintergrund hat. Gleichzeitig ist – bezogen auf das ganze Land – die überwiegende Mehrheit der Bevölkerung nach wie vor evangelisch oder katholisch. In anderen Bundesländern ist die Kirchenzugehörigkeit bereits jetzt geringer, und auch in den baden-württembergischen Städten kündigen sich teilweise gravierende Veränderungen an. So gehört beispielsweise in absehbarer Zeit in Stuttgart die Hälfte aller Einwohnerinnen und Einwohner keiner der beiden Volkskirchen mehr an; schon jetzt sind annähernd 48 % der Stuttgarter entweder einer nicht-christlichen oder keiner Religion zuzurechnen – 1975 war noch fast die Hälfte evangelisch, ein Drittel war katholisch. Von den unter 6-Jährigen sind gegenwärtig in Stuttgart nur noch 13 % katholisch und 15 % evangelisch – Grund hierfür ist auch ein verändertes Taufverhalten, da die traditionelle Säuglingstaufe immer seltener praktiziert wird.

Stuttgart ist nach Frankfurt und Nürnberg die Großstadt mit dem dritthöchsten Migrantenanteil – rund 40 % aller Einwohner haben einen Migrationshintergrund, bei den Kindern und Jugendlichen sind es mehr als 56 %. In den baden-württembergischen Städten leben Menschen aus über 170 Herkunftsländern. Einer aktuellen Erhebung zufolge kommt ein Drittel der Kinder in den baden-württembergischen Kindertagesstätten aus Familien, in denen zumindest ein Elternteil ausländischer Herkunft ist.

Kulturelle und religiöse Vielfalt charakterisieren die baden-württembergischen Städte. Die Städte wissen, dass eine erfolgreiche Gestaltung des Zusammenlebens in Vielfalt wesentlich für ihre Zukunftsfähigkeit ist. In den Großstädten gibt es deshalb seit Langem zahlreiche Aktivitäten und Initiativen des interreligiösen Dialogs und der interkulturellen Begegnung, bei denen Toleranz, Offenheit und Verständigung im Vordergrund stehen. Daraus resultieren auch entsprechende Erwartungen an die pädagogische Arbeit in den kommunalen Kindertagesstätten. Dazu kommt, dass mit dem Bedeutungszuwachs der frühkindlichen Bildung die Erwartungen an die pädagogische Arbeit insgesamt gestiegen sind.

Hinsichtlich der Weiterentwicklung der Kindertagesbetreuung steht in Baden-Württemberg – wie in den anderen Bundesländern auch – gegenwärtig neben dem Ausbau der Kleinkindbetreuung im Hinblick auf den zum 1.8.2013 in Kraft tretenden Rechtsanspruch für Kinder ab dem ersten Lebensjahr die Ausweitung der Sprachförderung im Vordergrund. Das Beherrschen der deutschen Sprache ist ein Schlüssel für eine gelingende Bildungsbiografie. Wenn in Baden-Württemberg mehr als 20 % der Kinder in den Kindertagesstätten aus Familien kommen, in denen Deutsch nicht die Umgangssprache ist, und es allein in den großstädtischen Kindertagesstätten 500 Gruppen mit einem über 80 %igen Anteil von Kindern mit Migrationshintergrund gibt, müssen die Kinder in den Kindertagesstätten möglichst früh systematisch und professionell gefördert werden.

Durch den gemeinsam entwickelten baden-württembergischen Orientierungsplan für Bildung und Erziehung wurde eine positive Qualitätsentwicklung in den Kindertagesstätten ausgelöst. Die Zielformulierung aller Bildungs- und Entwicklungsfelder sowie die übergreifenden Ziele haben für die Einrichtungen und die Träger verbindlichen Charakter. Der Orientierungsplan selbst ist allerdings bislang noch nicht verbindlich, vielmehr steht es in der Verantwortung der Träger und Einrichtungen, wie die Ziele im pädagogischen Alltag erreicht werden. Der baden-württembergische Orientierungsplan betont sehr stark die Kinderperspektive und geht deshalb in allen Bereichen von den Motivationen der Kinder aus. Sechs eng miteinander verknüpfte Bildungs- und Entwicklungsfelder bieten konkrete Anhaltspunkte für die pädagogische Arbeit bzw. die Umsetzung des Bildungs- und Erziehungsauftrags. Sinn, Werte und Religion ist neben Körper, Sinne, Sprache, Denken, Gefühl und Mitgefühl eines dieser sechs Bildungs- und Entwicklungsfelder. Unterlegt ist es zum Beispiel mit folgenden Zielen (→ Kapitel 2, S. 22):

► Kinder entwickeln Vertrauen in das Leben auf der Basis lebensbejahender religiöser bzw. weltanschaulicher Grundüberzeugungen und werden in der Hoffnung auf eine lebenswerte Zukunft gestärkt.

► Kinder kennen unterschiedliche Zugänge zum Leben und vielfältige religiöse und weltanschauliche Orientierungen.

► Kinder kennen und verstehen die christliche Prägung unserer Kultur.

► Kinder kennen die Wirkung sakraler Räume, Rituale und Symbole, die die Erfahrung von Geborgenheit, Gemeinschaft, Stille, Konzentration ermöglichen.

► Kinder kennen ihre religiösen bzw. weltanschaulichen Wurzeln.

► Kinder tragen zu einem gelingenden Zusammenleben in der Gruppe bei.

► Kinder sind in der Kindertageseinrichtung angenommen und geborgen – auch mit ihren religiösen bzw. weltanschaulichen Prägungen, Haltungen und Meinungen.

Die Aufnahme der Religion in den Titel kam auf ausdrücklichen Wunsch der Kirchen zustande und war damals nicht unumstritten. Der Städtetag hat zugestimmt, weil sich aus Art. 12 Abs. 1 der Landesverfassung auch für die Kommunen als Kindergartenträger ein Erziehungsauftrag »in Ehrfurcht vor Gott, im Geiste der christlichen Nächstenliebe, zur Brüderlichkeit aller Menschen und zur Friedensliebe …« ergibt. Diese Grundsätze sind für die Kommunen unmittelbar verbindlich.

In Baden-Württemberg sind insgesamt ca. 43 % der Kindertagesstätten in kommunaler Trägerschaft, die prozentuale Verteilung ist örtlich allerdings unterschiedlich. In allen baden-württembergischen Kindergärten werden aber Kinder aller Religionen und Weltanschauungen sowie auch konfessionslose Kinder betreut. Die kulturelle und religiöse Vielfalt ist damit auch in den baden-württembergischen Kindertagesstätten längst Normalität.

Eine Abfrage bei den größeren baden-württembergischen Städten zur aktuellen Praxis der interreligiösen Bildung in den kommunalen Einrichtungen hat bestätigt, dass das Thema in den Städten durchaus präsent ist. Die Rückmeldungen zeigten, dass interreligiöse Bildung in den städtischen Kindergärten nicht ausgeklammert wird, dass teilweise jedoch noch ein Bedarf für eine grundlegende Reflexion der Standpunkte gesehen wird. Gerade die kommunalen Kindertagesstätten verstehen sich als Einrichtungen, die allen Kindern und Eltern offenstehen. Ihre konzeptionelle Ausrichtung basiert auf den christlichen Normen und Werten, gleichzeitig wird aber auch der Anspruch und die Verpflichtung weltanschaulicher Neutralität der öffentlichen Einrichtungen entsprechend den Vorgaben des Grundgesetzes und des baden-württembergischen Kindertagesbetreuungsgesetzes betont. Jede Kultur und Religion soll wertfrei ihren Raum und Platz finden. Nicht allen Eltern ist Religion wichtig, und viele Eltern entscheiden sich zudem bewusst für einen kommunalen Kindergarten.

In das baden-württembergische Kindertagesbetreuungsgesetz wurde – wie im Schulgesetz – im Februar 2006 zur Schaffung der vom Bundesverfassungsgericht 2003 geforderten landesrechtlichen Grundlage für ein »Kopftuchverbot« eine Regelung eingefügt (§ 7 Abs. 6 KiTaG), mit der Fachkräften in Kindertagesstätten in öffentlicher Trägerschaft vorgegeben wird, »keine politischen, religiösen, weltanschaulichen oder ähnliche äußeren Bekundungen abzugeben, die geeignet sind, die Neutralität des Trägers gegenüber Kindern und Eltern oder den politischen, religiösen oder weltanschaulichen Frieden in Einrichtungen zu gefährden oder zu stören. Insbesondere ist ein äußeres Verhalten unzulässig, welches bei Kindern oder Eltern den Eindruck hervorrufen kann, dass eine Fachkraft oder eine andere Betreuungs- und Erziehungsperson gegen die Menschenwürde, die Gleichberechtigung der Menschen nach Art. 3 des Grundgesetzes, die Freiheitsgrundrechte oder die freiheitlich demokratische Grundordnung auftritt. Die Wahrnehmung des Auftrags nach Art. 12 Abs. 1 der Verfassung des Landes Baden-Württemberg zur Erziehung der Jugend im Geiste der christlichen Nächstenliebe und zur Brüderlichkeit aller Menschen und die entsprechende Darstellung derartiger Traditionen widerspricht nicht dem Verhaltensgebot nach Satz 1.«

Die Zulässigkeit dieser Regelung wurde vom Bundesarbeitsgericht mit Urteil vom 12.8.2010 bestätigt. Das Gericht hat in seiner Urteilsbegründung zur Darstellung christlicher Tradition zudem Folgendes ausgeführt: »Bestimmte Werte darzustellen heißt, sie zu erörtern und zum Gegenstand einer Diskussion zu machen. Das schließt die Möglichkeit der Rückfrage und Kritik ein. Die Darstellung christlicher Traditionen ist nicht gleichzusetzen mit der Bekundung eines individuellen Bekenntnisses. Bei ihr geht es nicht um die Kundgabe innerer Verbindlichkeiten, die der Darstellende für sich anerkannt hätte. Außerdem bezeichnet der Begriff des ›Christlichen‹ – ungeachtet seiner Herkunft aus dem religiösen Bereich – eine von Glaubensinhalten losgelöste, aus der Tradition der christlich-abendländischen Kultur hervorgegangene Wertewelt, die erkennbar auch dem Grundgesetz zugrunde liegt und unabhängig von ihrer religiösen Fundierung Geltung beansprucht. Der Auftrag zur Weitergabe christlicher Bildungs- und Kulturwerte verpflichtet und berechtigt die Einrichtung deshalb nicht zur Vermittlung bestimmter Glaubensinhalte, sondern betrifft Werte, denen jeder Beschäftigte des öffentlichen Dienstes unabhängig von seiner religiösen Überzeugung vorbehaltlos zustimmen kann.«

Diese Herausforderung, Bewahrung des religiösen Friedens in der Einrichtung sowie die Berücksichtigung der berechtigten Sorge mancher Eltern vor einer ungewollten religiösen Beeinflussung ihrer Kinder einerseits und die gewollte und zulässige Darstellung von Bildungs- und Kulturwerten durch christliche Symbole und Bräuche als Ausdruck der christlichen Tradition andererseits, ist Grund dafür, dass sich die städtischen Einrichtungen bei der Ausübung religiöser Rituale zurückhalten und ihre Aufgabe auch nicht in der Vermittlung von Glaubensinhalten oder in der religiösen Begleitung sehen. Dies bedeutet aber nicht, dass die Kinder mit ihren religiösen Fragen alleingelassen oder unterschiedliche Lebenswirklichkeiten der Kinder nicht thematisiert werden. In den kommunalen Einrichtungen wird sehr viel Wert gelegt auf das Aufgreifen von elementaren Sinn- und Lebensfragen der Kinder, wie »Wer bin ich?«, »Was ist der Sinn des Lebens?«, »Wo komme ich hin, wenn ich tot bin?«, »Wer/Was ist Gott?« Das Philosophieren, das heißt das Sprechen mit Kindern über religiöse Fragen, erhält immer mehr Bedeutung. Interreligiöse Bildung ist für die kommunalen Einrichtungen deshalb eher Teil der interkulturellen Bildung und beinhaltet insbesondere die Vermittlung von Respekt und Toleranz. Dies schließt das gegenseitige Kennenlernen, die Wahrnehmung der Vielfalt und die Suche nach Gemeinsamkeiten und Unterschieden sowie den Umgang mit Verschiedenheit und Vorurteilen mit ein.

Ziel ist, dass sich Kinder unterschiedlicher kultureller Herkunft und religiöser Prägung mit Respekt und Achtung begegnen. Akzeptanz und Toleranz sollen gefördert werden, ohne dass dabei die eigene Kultur und Religion, die eigene Identität verloren geht oder verleugnet oder die Verschiedenheit verdeckt wird.

Dies spiegelt sich auch im Kindertagesstättenalltag wider – bei der Berücksichtigung der Essgewohnheiten, der Ausstattung der Räumlichkeiten bzw. des Eingangsbereichs, der Beschaffung von Spielmaterial, das die Vermittlung interreligiöser Themen anregt und unterstützt, und von thematischen Bilderbüchern und Bildbänden. Vielerorts gibt

es Religionsecken mit Gegenständen aus verschiedenen Kulturen und Religionen, und
natürlich gehört auch das Feiern von Festen dazu: Muslimische Kinder laden die anders-
gläubigen Kinder und Familien während des Ramadans zum Fastenbrechen in den Kindergarten ein; bei der jährlichen Weihnachtsfeier wird nicht nur mit den Kindern und
Eltern gebacken, sondern auch die Weihnachtsgeschichte vorgespielt; Kirchen, aber auch
Moscheen werden besucht und die Eindrücke mit den Kindern besprochen.

Zwei Punkte werden von den Städten dabei besonders betont: Die Bedeutung der
Elternarbeit einschließlich des notwendigen Fingerspitzengefühls beim Umgang mit
den Ansprüchen und Erwartungen der Eltern und die Bedeutung der Offenheit und der
Qualifizierung der pädagogischen Fachkräfte zur interreligiösen Bildung. Diese müssen
fachlich befähigt und bei der Beschäftigung mit den eigenen biografischen Wurzeln und
ihrer kulturellen Identität unterstützt werden. Die kommunalen Einrichtungen können
dabei von der Vielfalt der Herkunft ihrer Beschäftigten profitieren.

Eine Unterstützung der Träger bei der Entwicklung der konzeptionellen Grundlagen
und eine stärkere Berücksichtigung bei der Aus- und Fortbildung könnten deshalb An-
satzpunkte für eine noch bessere Verankerung der interreligiösen Bildung in der alltäglichen Praxis sein.

Religiöse und interreligiöse Bildung in Kindertageseinrichtungen

von Georg Hohl und Frank Jansen (Bundesvereinigung Evangelischer Tageseinrichtungen für Kinder e.V. [BETA] und Bundesverband Katholischer Tageseinrichtungen für Kinder [KTK])
Religiöse und interreligiöse Bildung in Kindertageseinrichtungen sind gesellschaftlich und bildungspolitisch nicht unumstritten. Diese Tatsache spiegelt sich in der Verschiedenheit, in der die aktuell geltenden Bildungs- und Orientierungspläne für den Elementarbereich in den verschiedenen Bundesländern ausgestaltet sind. Auch auf der Ebene der Einrichtungen zeigt sich heute alles andere als ein einheitliches Bild. Für die Aufgabe religiöser und interreligiöser Bildung brauchen Träger und Einrichtungen konzeptionelle Unterstützung. Politische Aufgaben sowie die Aufgaben der Unterstützung der Träger, der Beratung sowie der Fort- und Weiterbildung für die pädagogischen Fachkräfte werden im Folgenden aus der Sicht von BETA (Bundesvereinigung Evangelischer Tageseinrichtungen für Kinder) und KTK (Verband Katholischer Tageseinrichtungen für Kinder) skizziert.

▶ Die religiöse und kulturelle Vielfalt ist längst in den Kindertageseinrichtungen angekommen. Einrichtungen in konfessioneller, weiterer freier und kommunaler Trägerschaft leisten einen erheblichen Beitrag zur gesellschaftlichen Integration. Mit der Neuakzentuierung der Bildungsdiskussion um die Kindertageseinrichtungen ist auch das Thema der religiösen und interreligiösen Bildung neu ins Blickfeld gerückt.

▶ BETA und KTK treten seit Jahren für die Verankerung religiöser und interreligiöser Bildung im Bildungsauftrag der Kindertageseinrichtungen ein, u.a. mit der gemeinsamen Thesenreihe »Bildung von Anfang an«[1]. Dabei beziehen sich die konfessionellen Trägerverbände auf den entsprechenden Diskurs in der evangelischen und katholischen Religionspädagogik unter dem Stichwort »Das Recht des Kindes auf Religion«[2]. Eine Bildung von Kindern in den frühen Jahren ohne Berücksichtigung religiöser Fragen ist eine gleichsam »halbierte Bildung«, schließt sie doch wichtige Aspekte der Welterkundung und des Weltverstehens aus. In der Identitätsbildung von Kindern spielen Fragen der Transzendenz, des »Woher?« und »Wohin?« eine zentrale Rolle. Die Frage nach einer Autorität, die auch die Autorität der Erwachsenen übersteigt und zugleich relativiert, Sinnfragen angesichts von Leid und Tod, die Suche nach Quellen menschlicher Gerechtigkeitskonzepte sowie die Orientierung in einer religiös und kulturell vielgestaltigen Welt – dies alles zeigt die Bedeutung religiöser Bildungsprozesse in den frühen Jahren auf. Dabei treten in der Erfahrungswelt der Kinder neben die Zeugnisse der unsere Kultur prägenden christlichen Tradition immer deutlicher auch die Zeugnisse anderer Religionen: Neben den Kirchen im Wohn-

1 Bundesverband Evangelischer Tageseinrichtungen für Kinder (BETA)/Verband Katholischer Tageseinrichtungen für Kinder (KTK) (Hrsg.), Bildung von Anfang an: Der Bildungsauftrag von Kindertageseinrichtungen in kirchlicher Trägerschaft, September 2002.
2 Friedrich Schweitzer, Das Recht des Kindes auf Religion, Gütersloh ²2005.

umfeld gibt es die Moschee, Frauen mit Kopftuch, und die Speisevorschriften und Speisegewohnheiten der Spielkameraden provozieren Fragen, deren Beantwortung zur Orientierung in unserer Gesellschaft unabdingbar sind.

▶ Nicht in allen Bundesländern enthalten die Bildungs- bzw. Orientierungspläne einen eigenen Bereich Religion. Teilweise wird das Thema unter Sinn- und Wertfragen subsumiert. Gegenüber Sinn und Werten hält das Thema Religion einen Raum zweckfreier Kommunikation offen, in dem das Leben in Freude und Leid, in Lob und Klage und jenseits von Verwertungszusammenhängen zur Sprache kommen kann.

▶ Religiöse und kulturelle Vielfalt ist in den Kindertageseinrichtungen aller Träger Realität. Religiöse Bildung in konfessionellen wie in nicht-konfessionellen Kindertageseinrichtungen muss deshalb stets in interreligiöser Perspektive gestaltet werden. Dabei ist grundsätzlich zwischen konfessionellen und nicht-konfessionellen Einrichtungen zu unterscheiden. Während für konfessionelle Einrichtungen mit ihrem christlichen Profil und ihrer Offenheit für Kinder aller Religionen und Kulturen das Modell der interreligiösen Begegnung immer wieder einleuchtend begründet wird (Ähnliches gilt für die wenigen Kindertageseinrichtungen in muslimischer bzw. jüdischer Trägerschaft), ist für nicht-konfessionelle Einrichtungen eher das Modell einer interkulturellen Pädagogik naheliegend, die religionssensibel, d.h. offen für auch religiöses Begegnungslernen und religiöse Bildungsprozesse, ausgestaltet wird. Das Tübinger Forschungsprojekt zur interreligiösen Bildung, unterstützt von der Stiftung Ravensburger Verlag, hat sowohl im Blick auf die Konzeptionierung wie im Blick auf die praktische Ausgestaltung dieser Modelle erhebliche Entwicklungsbedarfe festgestellt.

▶ Bei allen Überlegungen zu religiöser und interreligiöser Bildung muss berücksichtigt werden, dass Kinder einer bestimmten Religionszugehörigkeit in der Kindertageseinrichtung nicht Repräsentantinnen und Repräsentanten dieser Religionen sein können. Alle Kinder müssen in ihrer individuellen Vielfalt wahrgenommen und ernst genommen werden, nur so kann der Stereotypenbildung entgegengewirkt werden. In den Kitas finden wir eben nicht *die* Muslime, *die* Christen, *die* Juden, *die* Konfessionslosen usw. Hier begegnen sich vielmehr Individuen mit unterschiedlichen familienkulturellen und familienreligiösen Prägungen, die sich in einer Kultur gegenseitiger Anerkennung begegnen können sollten. Dafür tragen Träger und Einrichtungen Verantwortung. Gerade im Bereich der religiösen und interreligiösen Bildung geht es um eine Pädagogik der Vielfalt, und nur so kann sie auch langfristig nachhaltig ihrer gesellschaftlichen Verantwortung gerecht werden.

▶ Die dargestellten konzeptionellen und pädagogisch praktischen Herausforderungen für die religiöse und interreligiöse Bildung in Kitas weisen auf einen erheblichen Qualifizierungsbedarf der pädagogischen Fachkräfte hin. Auch hier hat das Tübinger Forschungsprojekt in vieler Hinsicht enorme Herausforderungen beschrieben. In den in den Bereich von BETA und KTK gehörenden Landesverbänden und Regionalgliederungen spielen Fort- und Weiterbildungsangebote seit jeher eine zentrale Rolle.

Mit bundesweiten Fachtagungen (etwa der religionspädagogischen Fachwoche des KTK) führen die Bundesverbände selbst Qualifizierungsangebote zum Thema durch. Dabei gilt es auch für die kommenden Jahre verschiedene Kompetenzbereiche für Fachkräfte zu stärken: Auseinandersetzung mit der eigenen religiösen Biografie – mit Glaubensfragen komplementär zu einer Reflexion der eigenen Aufgabe als Fachkraft in einer konfessionellen oder nicht-konfessionellen Einrichtung. In der Begegnung mit einer anderen, zunächst fremden Religion geht es zugleich um Vergewisserung und Neuentdeckung der eigenen Religion. Neben Konzepten interreligiöser Bildung (interreligiöse Begegnung, religionssensible Erziehung, inklusive Religionspädagogik) kommt in der Fort- und Weiterbildung auch religionskundlichen Angeboten eine zunehmende Bedeutung zu. Insgesamt scheint es sinnvoll, in die Qualifizierungsangebote das Lernen von Best-Practice-Beispielen[3] einzubeziehen. Der gegenseitige Austausch unter Fachkräften etwa in Leiterinnenkonferenzen oder durch gegenseitige Praxisbesuche in der Einrichtung können das bereits vorhandene Know-how zugänglich machen und zugleich weiterentwickeln.

▶ Die ausschließliche Fokussierung auf die Fort- und Weiterbildung von Fachkräften bzw. auf ihre Beratung etwa durch Fachberatung würde nach Überzeugung von BETA und KTK zu kurz greifen. Gerade religiöse und interreligiöse Bildung sind ein wichtiger Eckpfeiler in den von den beiden Bundesverbänden entwickelten Qualitätsmanagement-Systemen mit dem KTK-Gütesiegel und dem BETA-Gütesiegel. Über das Qualitätsmanagement sind von vornherein die Träger in ihrer spezifischen Verantwortung für das gesamte pädagogische Konzept einschließlich der Religionspädagogik einbezogen. Im Dialog mit dem Tübinger Forschungsprojekt hat sich gezeigt, dass hier möglicherweise Weiterentwicklungsbedarf in den Qualitätsmanagement-Systemen gegeben ist.

▶ Die Verankerung religiöser und interreligiöser Bildung in den Bildungs- und Orientierungsplänen der Bundesländer ist noch keineswegs überall befriedigend. BETA und KTK bzw. die Landesverbände und regionalen Gliederungen der konfessionellen Trägerformationen treten weiterhin entschieden dafür ein, die als konzeptionell unabdingbar eingeschätzte Thematik der Bildungsarbeit der Einrichtungen verbindlich zu verankern. Bei allen Unterschieden zwischen konfessionellen und nicht-konfessionellen Einrichtungen werden BETA und KTK weiterhin dazu beizutragen versuchen, dass die gesellschaftliche und bildungspolitische Verständigung über die Notwendigkeit religiöser und interreligiöser Bildung vorankommt.

---

[3] Anke Edelbrock / Albert Biesinger / Friedrich Schweitzer (Hrsg.), Religiöse Vielfalt in der Kita: So gelingt interreligiöse und interkulturelle Bildung in der Praxis, Berlin 2012.

Autorenverzeichnis

Ednan Aslan, Dr., Professor für Islamische Religionspädagogik, Universität Wien.

Albert Biesinger, Dr., Professor für Religionspädagogik, Kerygmatik und Kirchliche Erwachsenenbildung, Katholisch-Theologische Fakultät, Universität Tübingen.

Alfred Bodenheimer, Dr., Professor für Religionsgeschichte und Literatur des Judentums, Universität Basel.

Agnes Christner, Diplom-Verwaltungswirtin (FH), Dezernentin für Jugend, Familie und Soziales beim Städtetag Baden-Württemberg.

Georg Hohl, Pfarrer, Vorsitzender der Bundesvereinigung Evangelischer Tageseinrichtungen für Kinder e.V. (BETA).

Frank Jansen, Geschäftsführer, Verband Katholischer Tageseinrichtungen für Kinder (KTK) – Bundesverband e.V.

Raphael Rauch, M.A., Wissenschaftlicher Angestellter der Abteilung Religionspädagogik, Kerygmatik und Kirchliche Erwachsenenbildung, Katholisch-Theologische Fakultät, Universität Tübingen.

Friedrich Schweitzer, Dr., Professor für Praktische Theologie / Religionspädagogik, Evangelisch-Theologische Fakultät, Universität Tübingen.